KB126373

조작된 간첩들

조작된 간첩들
침묵하지 않을 의무

초판 인쇄 2021년 7월 15일
초판 발행 2021년 7월 20일

지은이 김성수
책임편집 채미애
디자인 김진디자인
인쇄 갑우문화사

펴낸이 윤경필
펴낸곳 주식회사 드림빅
출판등록 2021년 5월 10일 제 2021-000070호
주소 경기도 파주시 회동길 216(문발동)
전화 070-8802-5500
팩스 031-943-1050
이메일 dreambig5500@gmail.com

ISBN 979-11-974754-1-2 03910

침묵하지 않을 의무

조작된 간첩들

김성수

DREAM BIG人

올해 3월 17일 돌아가신 어머니와
지난 2012년 8월 5일 돌아가신 아버지께 이 책을 바친다.
그리고
국가폭력 희생자들의 고귀한 생명력을 기리며
다시는 억울한 희생이 없는 세상을 위하여.

차례

일러두기

책에 실린 글들은 저자가 《오마이뉴스》에 연재했던 〈김성수의 한국현대사〉 기사를 정리한 것이다.

사건이 발생한 연도순에 따라 배열했으며, 각 사건의 내용과 맥락을 '사건일지'란 제하에 날짜별로 요약하여 글의 말미에 두었다.

사건의 피해 당사자들은 실명이지만 대부분 인물은 익명이다. 다만 확정된 가해자의 이름은 실명으로 썼다.

책의 내용 가운데 상당 부분이 재판 당시 진술서나 진실·화해를위한과거사정리위원회 또는 대통령 소속 의문사진상규명위원회 진술내용으로서 피해자들이 진술 또는 작성한 것이다. 따라서 인용문 형식으로 그대로 게재했으며 가독성을 위해 띄어쓰기와 문장부호민 바로잡았나.

책의 맞춤법과 띄어쓰기 기준은 국립국어원 표준어대사전을 기준으로 했다. 다만 법률용어, 이미 역사가 된 사건 이름 등은 한 단어로 간주해 붙여 썼다.

:

민주주의 나무는
인간의 피를 먹고 자란다지만

1

"지구 한쪽에서 일어난 한 행위가 결국 지구 다른 쪽에서 예상하지 못한 엄청난 결과를 가져올 수 있다"는 '나비효과'를 나는 직접 경험한 적이 있다.

1991년 4월에서 6월은 소위 '분신 정국'이었다. 그때 나는 영국에 유학 중이었다. 당시 영국 언론은 이런 한국의 상황을 연일 보도했다. 그 전 해 나는 무작정 영국으로 건너와 영국 장학단체들에 장학금을 신청하고 기다리고 있었다. 그런데 1991년 5월 어느 날 한 장학단체에서 연락이 왔다. 그리고 그해 6월 나는 그 단체로부터 신청한 장학금보다 10배가 많은 장학금을 받았다. 400만원을 신청했는데 4천만원이 나왔다. 너무나 놀라웠다. "무슨 착오가 생긴 것인가? 신청 액수보다 10배나 많이 주다니!" 지도교수도 놀라며 무척 반가워했다. 그는 이제껏 장학금을 신청한 것보다 10배나 준 경우를 한 번도 본 적이 없다고 했다.

나중에 나는 그 장학단체의 사무처장을 만났다. "아니 어떻게 신청한 장학금의 10배를 주나요?"라고 놀라움에 물었다. 나이 지긋한 그가 이렇게 말했다. "우리 단체에서 당신의 장학금 신청서를 검토하는 기간 중 한국에서 많은 젊은이들의 분신 뉴스를 접했습니다. 앞으로 이런 분들이 한국에 더 이상 생기지 않도록 당신이 노력해주길 바라는 마음으로 장학금을 10배로 줍니다."

나는 놀라웠다. 한 번 만난 적도 없는 젊은이들의 분신 때문에 내 삶이 큰 빚을 졌다. 그 후 나는 그 장학단체 등의 도움으로 영국에서 학·석·박사 학위를 모두 마칠 수 있었다.

살아가면서 사람은 자기도 모르게 모르는 사람들로부터 엄청난 도움을 받는다. 1991년 4월부터 6월까지 분신으로 생명을 잃은 젊은이들을 나는 한 번도 만난 적이 없다. 그러나 그들의 죽음이 '나비효과'처럼 지구 반대쪽에 있던 나를 구했다. 그때부터 지금까지 나는 국가폭력에 의해 억울하게 생명을 잃은 분들에 대해 무거운 부채감을 갖게 되었다. 그래서 나는 한때 노무현 정부에서 대통령 소속 의문사진상규명위원회와 진실·화해를위한과거사정리위원회(이하 진실위)에서 일을 했다. 그리고 그 일을 통해 수많은 국가폭력 피해자들과 유족들을 만나며 그분들의 눈물과 억울한 한을 보았다.

2

이 책의 주요 내용은 내가 지난 2019년 11월부터《오마이뉴스》에 〈김성수의 한국현대사〉라는 제목으로 약 1년 동안 연재한 기사들이다. 처음에 기사를 쓰게 된 이유는 당시 여상규 자유한국당(현 국민의힘) 국회 법사위 위원장이 제2기 진실위 활동 재개에 딴지를 거는 것에 말할 수 없는 분노를 느꼈기 때문이었다. 더욱이 전두환 정권 시기에 판사였던 그가 지난 1981년 고문에 못 이겨 '간첩'이라고 자백한 어부 김정인에게 사형선고를 내려 생명을 앗아가 놓고, 나중에 무죄로 밝혀졌는데도 사죄는커녕 오히려 "웃기고 앉아 있네!"라며 버럭 화를 내는 것에 피가 거꾸로 솟았다.

나는 끓어오르는 마음의 분노를 겨우 가라앉히며《오마이뉴스》에 〈믿을 수 없는 판결 내린 판사 여상규〉라는 기사를 송고했다. 뜻밖에 이 기사에 대한 여론의 반응은 폭발적이었다. 각종 포털사이트에 이 기사가 톱으로 올라왔고 방송국에서 인터뷰 요청이 쇄도했다. 그리고《오마이뉴스》에서도 〈김성수의 한국현대사〉라는 제목으로 기사를 연재해달라고 요청이 왔다. 처음에는 그 요청을 고사했다. 주중에는 영국에서 직장생활을 하고 주말에는 성공회대학교 한홍구 교수와 더불어 반헌법행위자열전편찬위원회 일을 하고 있어 짬을 낼 수 없었기 때문이었다.

그러다가 느닷없이 코로나19로 인해 세계가 팬데믹을 맞았다. 항공표까지 받았지만 한국 출장이 취소되고 영국에서의 내 개인 일정도 다 취소되어 '집

콕' 신세가 된 나는 결국 《오마이뉴스》의 요청을 받아들여 〈김성수의 한국현대사〉를 연재할 수밖에 없게 되었다. 그러니 이 책은 코로나19가 없었다면 세상에 나오지 못했을 것이다. 코로나19의 또 다른 '나비효과'로 세상일은 정말 새옹지마다.

3

이 책의 주요 내용인 〈김성수의 한국현대사〉는 내가 노무현 정부 시절 대통령 소속 의문사진상규명위원회와 진실위에서 일할 당시 발간된 보고서 중 극히 일부를 일반인들이 읽기 쉽게 소개하고 요약 정리한 것이다.

원래 내가 연재했던 기사는 두 종류였다. 하나는 민간인 학살 사건, 다른 하나는 인권침해 사건이었다. 우리나라 민간인 학살 사건의 다수는 해방 후부터 한국전쟁 시기에 일어났다. 민간인 학살 사건을 본격적으로 연구한 최초의 저서는 성공회대학교 김동춘 교수의 《전쟁과 사회》다. 한편 인권침해 사건의 다수는 박정희·전두환 정권 시기 재일교포, 어부 등을 고문 끝에 '간첩'으로 조작한 사건들이다. 내가 알기로 우리나라에서 '(조작)간첩'을 가장 많이 만나고 연구한 학자는 한홍구 교수다.

이 책에서는 내가 《오마이뉴스》에 연재한 기사 중 인권침해 사건의 일부 내용만 추려서 실었다. 민간인 학살 사건에 관한 기사도 후속 책으로 낼 예정이다.

4

　　이 책에 등장하는 인권침해 피해자들은 양심적인 학자, 민주화운동 학생, 재일동포, 어부 등이다. 양심적인 학자와 민주화운동 학생은 박정희·전두환 정권에 자신의 정권을 비판하는 세력들에게 본보기로 손봐줘야 할 대상이었다. "너희들 함부로 입 놀리면 이렇게 되니, 다 입 다물고 가만히 있어!"라고 정권에 비판적인 목소리를 단칼에 잠재우는 수단이었다. 현재 러시아의 푸틴 정권과 미얀마 군부정권을 연상하면 될 것이다.

　　재일동포와 어부는 자신을 방어할 논리나 든든한 인맥이 부족한 사람들이었다. 박정희·전두환 시절에 정권의 위기 때 또는 선거철마다 이들을 고문 끝에 간첩으로 조작해 대국민 발표를 하며 군부정권을 공고하게 유지하고 강화하는 '북풍용' 소모품으로 거침없이 사용했다. 그 과정에서 피해자들 자신은 물론 그 가족들까지 인생이 철저히 파괴되었다.

　　너무나 안타까운 일은, 지금도 과거 인권침해 사건의 가해자들은 국회의원도 하고 변호사도 하며 떵떵거리며 잘 먹고 잘 살며 큰소리치고 사는데 피해자들은 생활고에 시달리며 하루하루를 병든 몸과 맘을 이끌며 간신히 어둠 속에서 연명하고 있다는 것이다. 이런 잘못된 역사, 아니 현실에 대해 우리는 '침묵하지 않을 의무'가 있다. 인간사에 정의가 바로잡혀서 강물처럼 흐르지 않으면 결국 불의와 부패가 넘쳐나 온 세상을 지배하기 때문이다.

　　이 책을 쓰도록 내게 끊임없는 영감과 힘을 준 민간인 학살 희생자, 인권침해 피해자 그리고 그 수많은 유족들에게 마음 깊이 감사드린다. 민주주의 나무는 인간의 피를 먹고 자란다고 하지만 이제는 이 땅에, 아니 이 세상에 더 이상 억울한 분들이 없었으면 좋겠다.

2021년 봄
영국의 조용한 시골에서
김성수

조작된 간첩들

:
:

침묵하지 않을 의무의 선순환

　　어떤 사건을 목격하거나 피해자의 증언을 들은 사람들에게는 침묵하지 않을 의무가 발생한다. 모든 사람이 이 도덕적 '의무'를 지켰다면 세상은 벌써 좋아졌을 것이다. 사실 역사학자들도 이 의무를 '성실히' 지키며 살아가기가 쉽지는 않다. 영국에 사는 김성수 박사는 누구보다도 성실하게 온몸으로 이 의무를 실천하면서, 코로나 팬데믹 시대에 이 선한 의무가 우리 사회 구성원들 속에 널리 퍼지기를 바라며 책을 펴냈다.

　　안정적인 철도공무원 생활을 하다가 함석헌 선생이 돌아가시던 날 영안실에서 큰 결심을 하고 영국 유학을 떠났다. 함석헌 선생의 생애와 사상으로 박사학위를 받은 그는 귀국 후 2기 의문사진상규명위원회에서 보고서 전문위원, 진실·화해를위한과거사정리위원회(이하 진실위)에서 국제협력팀장을 지내며 과거에 발생한 국가폭력 사건들과 마주했다. 진실위의 영문보고서 채택

문제를 놓고 그가 5.18은 반란revolt이라는 뉴라이트 출신 이영조 위원장에 맞서 끝내 승리한 일은 용기 있는 지식인의 모습 그 자체였다.

그는 멀리 영국에 있으면서도 현재 반헌법행위자열전편찬위원회의 조사위원으로 열심히 활동하고 있고, 한국에 오면 반헌법행위자열전 연구실에서 숙식을 해결한다. 2017년 초 케임브리지대학교 초청으로 김대중 대통령 추모 강연 차 영국에 갔을 때는 런던에서 기차로 한 시간가량 떨어진 그의 집에 초대받아 반갑게 만나기도 했다. 김성수 박사는 이따금 어려운 조사나 정리를 부탁하면 말 떨어지기 무섭게 제꺽제꺽 결과물을 보내온다. 농담으로 한적한 동네에 있어 할 일이 없어 그렇다곤 했지만, 참으로 보기 드문 성실함이다.

김성수 박사가 국가폭력 피해자들에 대해 애틋한 마음을 잃지 않고 부지런히 침묵하지 않을 의무를 실천하는 것은 그 자신 얼굴도 모르는 젊은이들의 희생이 그가 해외유학을 마칠 수 있도록 해주었기 때문이다. 지금으로부터 꼭 31년 전, 아무 대책 없이 영국 유학을 시작한 그가 영국의 한 장학단체에 장학금을 신청했을 때, 그는 신청액의 10배가 넘는 장학금을 받았다. 그때 대한민국은 이른바 분신정국이라 불리던 시절, 그야말로 하루걸러 한 명씩 젊은이들이 자신의 몸을 불사르던 견딜 수 없는 나날이었다. 그런 처절한 이야기를 외신으로 접하던 영국 장학단체 인사들이 계속된 국가폭력에 의한 희생의 행렬을 막기 위해 자신들이 할 수 있는 일이 무엇인지 찾다가 한국에서 온 젊은이를 파격적으로 후원하기로 한 것이다.

증언을 들은 자에게는 의무가 발생한다. 한국이란 낯선 나라에서 벌어지는 일들이 영국 장학단체 분들의 마음에 파문을 일으켰고, 그 결과 오늘의 김성수가 있을 수 있었다. 그는 30년이 지난 오늘도 부단히 국가폭력 희생자들의 이야기를 전한다. 차분한 목소리로 여전히 현재진행형인 그들의 이야기를 한다. 2020년대의 젊은 독자들에게 국가폭력, 특히 조작간첩 사건은 참으로 낯선 이야기가 아닐 수 없을 터이다. 그러나 이들의 고통과 희생은 김성수 박사가 겪은 것처럼 직접적인 것은 아닐지라도 알게 모르게 독자들이 보내는 오늘의 삶 속에 녹아들어 있다.

아무리 국가의 본질이 폭력의 독점이라지만, 국가폭력이 자행되어서는 안 된다. "이러면 안 되는 거잖아요." 이 마음을 갖는 것이 중요하다. 영국의 장학단체 임원들도 그런 마음을 가졌고, 저자도 그런 마음으로 독자들을 찾아가고 있다. 역사는 이런 만남의 연속 속에서 늘 새롭게 시작한다.

이 책에 담긴 조작간첩 사건이 낯선 이야기인 만큼이나, 30년 전 영국 사람들에게 한국 젊은이들이 국가폭력에 희생되고 있다는 소식도 아주 낯선 이야기였다. 김성수 박사의 장점은 이 낯선 이야기 속의 보편성을 잘 보여준다는 점이다. 역사학자답게 단편적인 사건의 소개를 넘어 한국현대사의 큰 흐름 속에서 이런 일들이 어떤 의미를 지니는지를 보여준다. 증언을 들은 사람의 책무, 침묵하지 않을 의무를 이행하는 사람이 한 명, 두 명 늘어가길 바랄 뿐이다.

한홍구
성공회대학교 교수, 반헌법행위자열전편찬위원회 책임편집위원

1968

:

젊은 경제학자
권 재 혁

젊은 학자들의 자유로운 학술활동에
드리운 그림자

영원히 우리에게 젊은 경제학자로 남은 권재혁 이야기다. 한때 배우로 활발하게 활동했던 익숙한 이름 권재희의 부친으로 언론에 회자되기도 했던 사람. 권재혁은 1925년 경상남도 산청에서 태어나 서울대학교 사회학과를 졸업하고, 1955년 7월부터 1961년 11월까지 미국 몬태나주립대학교, 조지타운대학교, 오리건대학교 등에서 경제학 박사과정을 수료한다. 미국 유학을 마치고 귀국한 후에는 건국대학교, 육군사관학교에서 경제학을 강의한다. 이와 함께 '민주사회동지회'에서 좌·우익을 망라한 인사들이 모여 열정적으로 진행했던 세미나 등 공부 모임에도 참여한다. 당시 1961년 5.16쿠데타 직후 대부분의 정당과 사회단체가 해산된 상황이었고, 1962년 '민주사회동지회'가 합법적으로 조직되었다.

　1963년 9월, 권재혁은 민주사회동지회 세미나에서 주제 발표를 한다. 주제는 미국 경제현황 및 후진국 개발 문제. 이즈음 권재혁은 이일재 등과 교류하게 된다. 권재혁, 이일재, 이강복 등 13명이 4.19 시기 '민주적 노동운동을 지향하는 학우들'로서 비정기적으로 모여 시국담을 나누었다. 이일재는 해방 후 노동운동을 해오다가 1958년 어용적인 대한노동조합총 연합회(이하 대한노총)를 개혁하고자 전국노동조합협의회를 만들었으며, 1960년 4.19 시기에 노동조합 활동을 하다가 1961년 5.16쿠데타 직후 예 비 검속되어 불법감금되기도 한 인물이다.

　잠시 당시 정치적 상황을 짚어보자. 1967년 박정희는 대통령 재선에 성 공한 후 3선을 위해 개헌을 들고 나온다. 그는 1967년 6월 8일 국회의원 선거에서 의석 수 3분의 2를 획득해야 했다. 박정희 정권은 1967년 7월 동백림사건 등 대규모 조작간첩사건을 발표한다. 이어서 한국 사회 내 반 공적 위기의식 강화에 따른 파시즘적 통치체제의 제도적 공고화를 급속 하게 추진한다. 1960년대 후반은 한일협정 체결을 통한 한·일국교 정상 화, 한·미·일 협력체제 구축, 베트남 파병으로 인한 냉전적·반공의식이 확대 강화되던 시기였기에 가능한 일들이었다.

　이런 냉전시대 흐름 속에서 어느 날 느닷없이 권재혁, 이일재, 이강복 등 진보적 지식인 13인이 강제연행되는 사건이 일어난다. 1968년 7월 30일부터 8월 12일 사이 중앙정보부(이하 중정)는 이들을 '남조선해방전 략당' 관련자로 지목해 강제연행해 3일에서 53일간 불법 구금하며 가혹 한 고문과 조사를 자행한다.

　1968년 8월 24일, 중정은 고문조사를 끝내고 이른바 '통일혁명당 지하 간첩단사건'(이하 통혁당)을 발표한다. 당시 중정은 "(통혁당이) 재일조총 련 국내 지하조직인 가칭 '남조선해방전략당'(이하 전략당)과도 접선, 막대 한 공작금을 지원받아 조총련계인 동해상사와 유사한 위상 기업체 설립

권재혁 선생 가족, 앞 어린 여자아이가 권재희 씨다.

을 획책했다"고 주장했다. 이날 중정의 발표내용에 따르면 권재혁, 이일
재, 김병권 등 13인이 통혁당의 하부조직으로 1967년 1월 1일 전략당을
조직했다는 것이었다.

그러나 이 사건의 이른바 '주모자'인 권재혁이 1969년 4월 21일 법원
에 제출한 항소이유서를 보면 이 같은 중정의 발표내용은 사실과 다르다.
권재혁은 항소이유서에서 "전략당은 중정의 조작"이며, 중정의 발표와는
달리 "전혀 조선노동당에 가입한 사실이 없고 북한공작금을 받은 사실도
없다"고 주장했다.

진실위에서 밝혀진
강제구금 중 혹독한 고문 사실

2006년 이 사건의 피해자 중 하나인 이일재는 진실·화해를위한과거사정
리위원회(이하 진실위)에 이 사건과 관련한 사건경위서를 제출한다. 그는
1968년 당시 자신을 비롯한 권재혁, 이형락, 김봉규, 노중선 등 13명이 중
정에 강제연행되어 불법 구금 상태에서 겪은 고문과 가혹행위에 대해 경
위서에 이렇게 적었다.

조사실에 들어가자마자 두 명의 수사관이 야전침대 참나무 막대기로 허리
와 엉덩이를 무차별적으로 구타했다. 이후 수사관들은 조사내용이 자기들
의 의도대로 되지 않을 때마다 구타를 했고, 사실상 매일 구타를 당했다. 또
한 한 달여 조사를 받는 동안 거의 잠을 재우지 않았다. 이때 당한 고문으로
지금도 허리와 옆구리가 쑤시고 통증이 있다.
그때 함께 연행된 분들 중… 노중선이 고문으로 팔이 부러진 모습과… 김봉
규가 고문으로 겨우 걷는 모습과 본 사건의 주범 격인 권재혁이 머리카락이
뽑히고 온 얼굴에 피멍이 든 모습을 보고 육체적인 고통과 정신적인 괴로움
을 이기지 못해 수사관에게 '우리들에게 만일 더 이상 고문으로 허위자백을
강요하면 죽어버리겠다'고 격노해서 항의하니 양팔에 수갑을 채워서 책상
다리에 묶어두고 신문과 조서를 작성했다.

한편 권재혁의 아내 이종식은 남편이 연행된 다음 날인 1968년 7월 31일 중정에 연행되어 4~5일간 조사를 받는다. 이종식은 조사를 받던 중 화장실에 가다가 복도에서 우연히 부딪힌 남편 권재혁의 모습에 대해 진실위에서 "(남편) 이마에 혹이 두세 개 엄청나게 크게 달렸어요. 많이 맞아가지고… 비명소리가 돼지 멱따는 소리처럼 들렸"다고 회상했다.

또 권재혁의 동생 권종혁은 "(형 권재혁이 중정) 지하실에서 두들겨 맞아 병신 될 정도였다"고 들었다고 진실위에서 진술했다. 피해자 노중선은 1968년 7월 30일 중정에 구속된 직후 "야전침대 각목으로 내려치는 것을 손목으로 막다가 왼쪽 손목이 부러졌다"고 진실위에서 증언했다.

김봉규는 당시 항소이유서에서 "1968년 8월 1일 아침 7시경 본인 가에서 중앙정보부원에 의해 연행되어 피고가 한 범행 사실을 말하라고 30분 내지 1시간가량 엎드려뻗쳐 하고 야전용 침대 몽둥이로 얻어맞은 후 연속 2주야 취조를 받아 병신이 되거나 죽을까 두려워서 본의 아닌 사실을 진술(7통의 진술서와 기타)한 바 항목별로 다음과 같습니다"라고 중정의 고문 사실을 구체적으로 기록했다.

고문과 협박과 회유에 의한
허위진술들

나경일은 2008년 진실위에서 당시의 고문 피해에 대해 이렇게 진술했다.

중정 수사관들이 처음 저를 보고 물은 말이 "이형락을 아느냐"였는데 저는 이형락씨의 이름을 이권으로 알고 있었기 때문에 모른다고 하니 수사관들은 이형락은 안다고 하는데 왜 모른다고 하냐면서, 저를 엎드려뻗쳐를 시킨 다음 야전침대 각목으로 때리기 시작했는데 상당히 굵고 단단한 야전침대 각목이 부러졌다. 하도 맞아서 완전히 파김치가 되고 기절을 하니 수사관들이 물을 부어 깨우고 했다.

그다음 날 헌병들이 들것에 사람을 하나 데리고 왔다. 저와 이형락씨와 대질을 시켜 제가 이 사람은 이권으로 알고 있다 하니 수사관이 어이없어했다. 이름 두 자 때문에 제가 하루 동안 매타작을 당했던 것이다. 저도 매타작으로 무척 힘이 들었지만 이형락씨 또한 들것에 실려 와서 고개도 제대로 못 가눌 정도였고 눈을 제대로 못 뜨고 저를 겨우 쳐다보는데 거의 제정신이 아닌 것으로 보였다. 그다음부터 수사관이 본격적인 조서를 작성했는데 저는 순수한 노동운동을 한 것이라고 진술했는데, 이미 그런 내용은 수사관들에게 전혀 통하지 않았고, 자기들이 미리 정한 내용으로 진술을 강요했으며, 인정할 때까지 계속 가혹하게 조사를 해 나중에 교도소에 가서 한 달 이상 제가 똑바로 눕지를 못할 정도였다.

손바닥과 발바닥을 각목으로 가격하거나 엉덩이를 때리고 주먹으로 얼굴을 때리고 머리, 얼굴, 등, 허벅지 등 가리지 않고 때려 온몸이 회를 뜬 것 같은 상태였다. 수사관들이 때리다가 지치면 헌병을 불러 때리기도 했다. 나중에 교도소에 가니 간수가 똑바로 앉으라고 해 (똑바로 앉지 못하고) 제가 등을 보여주니, 교도소 긴수들도 보더니 편하게 있을 수 있게 허락했다.

또 다른 피해자 김병권은 당시 상고이유서에서 "중정에서도 완강히 부인했으나 소용이 없었고 검사님이 조사할 때도 사실무근이라고 부인했더니 검사님 말씀이 '너 윗사람이 모두 했다는데 너만 부인해도 소용없다'고 말하더니 '정말 피고가 모른다면 전략당에 가입한 사실은 없다고 해줄 터이니 그 밖의 일은 아무 걱정 말고 조서를 만들라'고 해서 만든 것입니다"라고 함으로써 검찰의 신문조서가 협박과 회유에 의해 허위진술되었음을 언급했다.

독재정권 시대
저주받은 비극의 희생자들

당시 공판조서 기록에 따르면, 권재혁은 검사의 범죄 사실 진술의 사실여부를 묻는 질문에 대해 다음과 같이 전략당 조직결성 사실 자체를 부인했다.

사실과 너무나 거리가 멉니다. 왜냐하면 중앙정보부의 수사관 입회 아래 조사를 받았기 때문에 공포 분위기와 압박감 때문에 사실대로 말할 수가 없었습니다. 검사 취조 때도 역시 중앙정보부에서 본인을 취조하던 수사관의 입회 아래였기 때문에 중앙정보부의 조서를 토대로 취조하는 검사의 질문에 반박할 수 없는 분위기, 즉 압박된 상태에서 취조를 받았기 때문에 자유로이 진술할 수가 없었습니다. '전략당'이란 이름도 중앙정보부에서 조사받을 때 처음 들었습니다.

또한 권재혁은 검사의 "1968년 3월 12일 일본국 동경 소재 오타니호텔에서 북괴 노동당 중앙위원인 천만기를 만나, 이후 노동당 입당원서를 내어 정식으로 입당한 사실이 있는가?"라는 질문에 대해 "(천만기를) 만난 적도 없습니다"라고 강하게 부인한다.

이와 같은 강력한 부인에도 불구하고 가혹한 고문조사 결과 이 사건의 '주모자'로 지목되었던 권재혁은 1969년 9월 23일 대법원에서 사형이 확정된다. 그리고 그해 11월 4일 사형이 집행된다. 당시 그의 나이 44세였고 1남 2녀를 둔 가장이었다.

한홍구 성공회대학교 교수는 당시 "중정 지하실에 잡혀 와서야 자신이 '수괴'라는 남조선해방전략당의 이름을 처음 듣고, 죽은 뒤에도 '전략당 사건의 권재혁'이라 불려야 했던 젊은 경제학자에게 술 한잔이라도 올려야 하지만, 우리가 해야 할 일이 정녕 그것뿐일까?"라고 탄식하기도 했다.

한편 무기형을 선고받은 이일재는 20년 징역을 살고 1988년 8월 15일 특사로 석방된 후 고문 후유증으로 병원을 드나들며 산다. 그리고 2011년 1월 14일 그는 전략당사건에 대한 재심 최종공판에서 무죄판결을 받는다. 하지만 그로부터 약 1년여가 지난 2012년 3월 24일 그는 한 많은 세상을 떠난다.

이 사건으로 10년을 선고받은 이강복은 1971년 수감 중 암에 걸려 차디찬 감옥에서 옥사한다. 이형락은 1978년 만기출소 후 고문 후유증과 드라우마로 고생하다 1985년 *스스*로 목숨을 끊는다. 20여 년 감옥생활

2011년 대법원에서 재심 무죄판결 직후 이일재 선생.

후 석방된 김병권은 지난 2005년 뇌졸중으로 투병생활 중 운명한다. 이들은 모두 지난 박정희 독재정권 시대 저주받은 비극의 희생자들이었다.

진실위는 2009년 이 사건에 대한 진실 규명 결정을 다음과 같이 내렸다.

중앙정보부는 이 사건의 수사과정에서 권재혁, 이일재, 이강복, 이형락, 노정훈, 김봉규, 박점출, 조현창, 김병권, 오시황, 나경일, 김판홍, 노중선 등 13인을 연행해 사람에 따라 3~53일간 장기간 불법 구금하고, 고문과 가혹행위 등으로 허위자백을 받아내고, '남조선해방전략당'이라는 반국가단체를 구성, 가입했다는 등의 범죄사실을 조작했다.

진실위에서 당시 이 사건을 조사했던 전명혁 박사는 "아직도 의문 나는 것은 권재혁 선생을 사형까지 집행한 이유가 무엇이었는지… 이해할 수 없어요… 조작된 사건을 가지고…"라며 못내 아쉬움을 토로했다.

사형집행 45년 만에 벗은 누명, 그리고 통곡

진실위 진실 규명 후 2년이 지난 2011년 1월 14일, 전략당사건 생존 피해자들은 이 사건에 대한 재심 최종공판에서 무죄판결을 받았다. 그로부터 3년여가 지난 2014년 5월 16일, 이 사건의 '주모자'로 조작되어 억울하게 형장의 이슬로 사라진 권재혁은 사형집행을 당한 지 45년 만에 대법원에서 누명을 벗었다. 이날 대법원 재판부는 무죄판결을 내리며 다음과 같이 그 이유를 밝혔다.

당시 수사과정에서 중앙정보부 수사관들이 권씨 등을 마구 구타하고 폭언이나 협박, 잠을 재우지 않는 등의 가혹행위를 했다. 이 같은 폭행이나 가혹행위를 견디다 못한 권씨 등이 공소 사실을 자백했다. 중앙정보부 조사단계에서 고문 등 가혹행위로 인해 임의성 없는 자백을 하고 그 후 검사의 조사단계에서도 임의성 없는 심리상태가 계속돼 동일한 내용의 자백을 한 것으로 봐야 한다.
이 증거들의 증거능력을 인정한 원심은 위법하다. 피고인이 국가를 변란할

2011년 재심 승소 판결 직후 기뻐하는 전력당사건 유가족들.

목적으로 반국가단체인 '전력당'을 구성해 그 수괴의 임무에 종사했다거나, 북한노동당 중앙위원으로부터 군사기밀 탐지 지령을 받고 귀국해 군사기밀을 탐지하려다가 미수에 그쳤다거나, 공작금으로 일화 40만 엔을 받은 후 적법한 환금절차를 거치지 않았다는 사실을 인정할 아무런 증거가 없다.

억울하게 간첩으로 조작되어 가혹한 고문 끝에 사형을 당한 권재혁의 딸인 배우 권재희는 대법원에서 사후 45년 만에 아버지에게 무죄가 선고되던 날을 이렇게 회상했다.

"대법원에서 아버지 무죄가 확정되던 날 온 가족이 부둥켜안고 통곡을 했습니다. 40년 넘게 억울한 누명을 쓰고 살면서 담아둔 응어리가 한꺼번에 풀려 정신이 없었어요. 엄마 혼자 얼마나 힘들었을까 생각하면 지금도 가슴이 저려요. 저는 워낙 어렸으니 당시엔 내막을 몰랐지만 철저하게 조작된 사건이란 걸 알고 나서 저 또한 너무 힘들었지요."

아버지 권재혁이 억울하게 형장의 이슬로 사라질 당시 권재희씨는 일곱 살이었다. 이후 권재희씨는 우울한 어린 시절을 보냈다. 중고등학교와 대학을 다닐 때까지 비운에 돌아가신 아버지에 대한 이야기를 친구들에게 할 수도 없었다. 대학 졸업 후에는 연좌제로 취직도 어려웠다. 그가 배우의 길을 택한 것도 공직의 길이 막힌 상태에서 선택의 여지가 없었기 때문이었다.

권재희씨는 지금도 평생 한으로 남아 있는 것이 두 가지 있다. 그는 "부친의 명예가 회복되기 전까지 남의 이목 때문에 아버지 묘소를 찾아가지 못한 일과 부친의 옛 동지들이 아버지의 추도식을 지내고 있는 사실을 알게 된 뒤에도 한동안 거기에 가지 못한 일"이라고 말하며 눈시울을 붉혔다.

전략당사건 사건일지

- 1962년   민주사회동지회 공부 모임 결성. 1963년 9월 '미국경제현황 및 후진국 개발문제'에 관한 주제발표를 하면서 이일재 등 과 교유.

- 1968년   중정, 7월 30일~8월 12일 권재혁 이일재 이강복 등 진보 지식 인 13명 전략당 관련자로 강제연행. 3~53일간 불법 구금하고 고문과 조사.

- 1968년   중정, 7월 31일 권재혁 아내 이종식 연행 4~5일간 조사.

- 1968년   중정, 8월 24일 통혁당사건 관련 발표.

- 1969년   권재혁, 4월 21일 항소.

- 1969년   대법원, 9월 23일 권재혁 사형 선고.

- 1969년   권재혁, 11월 4일 사형 집행.

- 1971년   이강복, 수감 중 암에 걸려 옥사.

- 1978년   이형락, 만기 출소. 이후 후유증과 트라우마로 고생하다 1985년 자결.

- 1988년   이일재, 8월 15일 무기형 선고받고 20년 복역 후 특사로 석방.

- 2005년   김병권, 20여 년 수감생활 후 석방. 뇌졸중으로 투병생활 중 사망.

- 2006년   이일재, 진실위에 사건경위서 제출.

- 2008년   나경일, 진실위에서 당시 고문 피해 진술.

- 2011년   생존피해자들, 1월 14일 재심 최종공판에서 무죄판결.

- 2012년   이일재, 3월 24일 사망.

- 2014년   대법원 재판부, 5월 16일 권재혁에게 무죄판결.

1974

：

서울대 법대 교수
최 종 길

온건한 법대 교수마저
눈엣가시로 여긴 불안한 정권

1973년 10월 16일 오후 2시경 최종길 서울대학교 법과대학(이하 서울 법대) 교수는 당시 중앙정보부(이하 중정) 직원이자 막냇동생인 최종선과 함께 이재원에 대한 간첩사건 조사에 참고인으로 협조하기 위해 중정에 자진 출두한다. 그로부터 사흘 후인 19일 새벽, 최종길 교수는 중정 건물 앞에서 사체로 발견된다.

중정은 서둘러 사태를 수습하는 발표를 한다. "최종길이 간첩 사실을 자백하고 조직을 보호할 목적으로 중정 남산분청사 7층 화장실에서 투신자살했다." 중정이 발표한 내용에 따르면, 북한의 고정간첩이 서울 법대에서 어엿한 교수 노릇을 하고 있었던 것이다. 과연 최종길 교수는 어떤 사람일까? 왜 박정희 정권은 한 평범한 교수를 특정해 '간첩'으로 조작했던 것일까?

최종길은 1931년 충남 공주에서 태어났으며 1951년 서울 법대에 입학해 1955년에 졸업했다. 1957년 서울 법대 대학원 졸업 후 독일로 유학 가 1961년 쾰른대학교에서 법학박사 학위를 받았다. 1962년부터 서울 법대에서 강의를 시작했고 1964년에 전임강사가 된다. 1967년부터 법과대학 학생과장을 거쳐 1972년 정교수가 된다.

그는 박정희 집권 동안 학생들 사이에 일상화되었던 민주화운동에도 참여한 적이 없던 것으로 보인다. 1969년 3선개헌 이후 1972년 유신체제하에서 민주화운동을 하거나 민주화운동에 대해 공개적 지지를 보낸 적이 없었다고 한다. 다만 당시 동료 교수들의 진술에 따르면 "최 교수는 경찰이 대학생들을 강압적으로 연행하는 것에 반대했고, 교수회의에서 정부를 비판하는 학생들을 옹호하는 발언을 했다"고 한다. 온건한 입장을 유지하던 법대 교수의 조용한 발언도 박정희 정권은 눈엣가시처럼 여겼던 것 같다. 중정은 공작 차원에서 은밀히 최종길 교수에 대한 내사를 진행한다.

소리 없이 떠안아야 하는
불가해한 핏빛 권력

최종길이 중정에 자진 출두할 즈음의 정황은 이렇다. 1973년 10월 최종길의 막냇동생 최종선은 중정 감찰실에 근무하고 있었다. 1년 전인 1972년 최종선은 중정에 수석으로 합격했다. 문제의 1973년 10월 13일 오전, 그는 동료로부터 중정이 북한 공작원 이재원과 중학교 동창 사이인 자신의 형 최종길에 대해 관심을 갖고 있다는 얘기를 듣는다.

최종선은 곧 직속 상관에게 형인 최종길 교수가 혹시 이 문제로 조사받

생전의 최종길 교수.

게 된다면 비인격적인 대우가 없도록 노력해줄 것을 요청한다. 그날 오후 3시경 최종선은 담당 수사관을 만나 같은 요청을 한다. 그 수사관은 "이미 실질적인 조사는 종결되어서 최종적인 기자회견 발표문을 쓰고 있으니 신경 안 써도 된다"며 최종선을 안심시켰다.

그날 저녁 그는 형을 만나 낮에 중정에서 있었던 일을 이야기하고, 혹시 중정에서 수사 협조 요청이 있으면 너무 불쾌하게 생각하지 말고 당분간 언행이라도 조심하자고 당부한다. 최종길은 "국민의 한 사람으로 협조하는 것이 당연한 일이 아니겠느냐"며 흔쾌히 수사 협조 요청에 응하겠다고 말한다. 그리고 형제는 오랜만에 술 한잔을 나눈다.

그로부터 사흘 후인 1973년 10월 16일 오후 1시 45분, 아우 최종선과 형 최종길은 다방에서 만나 차를 한 잔 마시고, 중정 남산청사 정문에 도착해 담당 과에 알린다. 이어 담당 과 직원이 나와 최종길을 안내하기 위한 절차를 밟았다. "형님, 이 못난 동생의 직장을 이때 한번 봐 주십시오"라고 동생은 말했고, 형은 "허허! 말로만 듣던 남산엘 다 들어와 보게 되었구나" 하고 환하게 웃으며 헤어졌다. 이것이 이 애틋한 형제간에 이승에서의 마지막 만남이었다.

최종길이 중정에 자진 출두한 지 사흘 만인 1973년 10월 19일 새벽 5시, 최종선은 중정으로부터 아침 7시까지 출근하라는 전화를 받는다. 아주 불길한 예감을 안고 출근한 그는 형이 그날 새벽 1시 30분경 7층 화장실 창문에서 투신자살했다는 통보를 받는다.

최종선은 이 충격적인 소식을 듣고 머릿속이 하얘졌지만 이내 정신을 가다듬고 형이 투신자살했다는 현장으로 달려갔다. 거기엔 어떤 유혈의 흔적이나 물로 씻어낸 자국 같은 것도 없었다. 최종선은 단박에 형이 투신하지 않았음을 알아챈다. 자살한 것은 더군다나 아니라는 걸 직감한다. 그러나 최종선은 1973년 지엄한 박정희 정권 시절 이런 말도 안 되는 상황에 대해 어디 호소할 곳이 아무 데도 없다는 사실 또한 절감한다.

증언들이 한결같이 가리키는 손가락 끝, 차철권

김대중 정부 시절 대통령 직속 의문사진상규명위원회(이하 의문사위)는 최종길 의문사 사건을 조사했다. 조사결과에 따르면 당시 중정 수사관들은 최종길에게 잠 안 재우기, 쌍욕 등 언어폭력, 발길질 주먹질 몽둥이질 등

심한 구타, 각목을 무릎에 끼워 발로 밟기 등 가혹한 고문을 가했다. 모진 고문 이외에도 중정 요원들은 최종길의 겉옷을 벗기고 속옷만 입힌 채로 상당 시간 조사를 하면서 감내하기 어려운 온갖 정신적 육체적 모욕과 고통을 주었다.

당시 중정 직원이었던 양 아무개는 2001년 의문사위 조사에서 "최종길 교수가 1973년 10월 16일부터 지하 조사실에서 조사를 받았으며 자신은 10월 17일 오전 8시 30분부터 18일 오전 8시 30분까지 수사보조원으로 근무했다"고 진술했다. 양 아무개가 최종길에 대한 고문을 목격한 시점은 1973년 10월 17일 오후 8시에서 10시 사이였다고 한다. 그의 증언에 따르면 "당시 최 교수는 조사관들 앞에 러닝셔츠와 팬티만 입고 있었으며 중정요원 차철권, 변 아무개 등이 최 교수를 심하게 고문했다"고 한다. 그의 증언을 들어보자.

(중정요원) 변 아무개가 최종길을 몽둥이로 빠따 때리는 것을 본 적이 있습니다. 변 아무개는 최종길에게 "엎드려!" 소리치자 최종길이 책상인가 벽에 양손을 대고 엎드렸습니다. 이때 최종길의 옷을 완전히 벗기지는 않은 상태였습니다. 최종길을 엎드리게 만든 다음 변 아무개가 몽둥이로 엉덩이를 3~4회 정도 때렸습니다.

그리고 (차철권은) "이 새끼 제대로 불지 못해"라며 욕을 하면서 몇 차례 발로 최종길을 걷어찼습니다. (최종길을 때린 몽둥이는) 조사실 내에 있던 야전 침대에서 뺀 몽둥이로 각진 형태이며 길이는 1m에 약간 못 미치고 두께는 약

3 내지 4cm입니다. (최종길은 그때) 런닝과 팬티는 입고 있었습니다.

당시 중정 5국 10과 과장인 안 아무개도 2001년 의문사위에서 증언한다. 그는 조사관 차철권에게 "노골적으로 때려서라도 자백을 받아내라고 한 일은 없고 단지 혼을 내서라도 자백을 받아내라고 한 일은 있다"고 진술했다. 안 아무개는 최종길이 사망하기 직전인 1973년 10월 18일 밤에 중정 7층 721호실에서 잠을 청하며 누워 있던 중 7층 조사실에서 차철권이 최종길을 고문하는 소리를 들었다고 한다.

저는 10월 18일 7층 721호실에서 잠을 자기 위해 누워 있던 중, 최종길의 비참한 신음소리와 차철권이 악을 쓰는 소리를 분명히 들었습니다. 7층 조사실에서 차철권이 최종길을 고문하는 소리를 들은 것입니다. "아~악!" 소리를 들었는데 최종길이 맞으면서 내는 소리라는 것을 금방 알 수 있었습니다. 몇 차례나 그런 소리가 계속되었는데 단지 엄살이 아니라 고통에 겨운 비참한 비명과 신음소리였습니다.

당시 중정 감찰실장 손 아무개도 2001년 의문사위에서 최종길의 부검 사진 중 엉덩이의 피멍 자국은 "분명 누군가가 몽둥이로 때린 자국"이라고 증언했다. 최 교수 사망 이후 차철권을 조사했던 중정 감찰과 조사관 김 아무개도 "차철권이 1973년 10월 17일 오후 10시경 지하 조사실에서 (최종길 교수가) 벽에 등을 대고 무릎을 반쯤 구부리도록 해서 세워놓기도 하고, 발로 양쪽 엉덩이를 몇 회 걸어찬 일도 있고, 야전침대의 몽둥이(각이 진 몽둥이로 길이가 약 80cm, 두께는 약 5cm 정도)를 무릎 사이에 끼워 꿇려 놓는 방법 등으로 고문을 했다"고 자백한 사실이 있다고 의문사위에서 진술했다.

고문치사를 은폐하기 위해 선택한
엉성한 조작

당시 최종길 교수에 대한 수사를 총괄 지휘했던 중정 수사단장 장송록도 의문사위에서 이렇게 증언했다.

심하게 고문을 당한 상태에서는 7층 화장실은 물론 어디로든 제 발로 걸어 다니는 것은 절대 불가능합니다. 더구나 걸어 다니지도 못하는 사람이 화장실 창문을 타고 넘어서 자살을 했다는 것은 있을 수 없는 일입니다. 자살이 아니라 최종길은 이미 고문으로 죽었거나 가사 상태에서 사고 현장으로 옮겨진 것이 틀림없습니다. 최종길은 전혀 간첩이 아님에도 불구하고 최종길의 사후에 '간첩'으로 발표되었습니다. 최종길은 분명 간첩임을 자백한 일이 없는데다가 그 외 간첩이라는 증거가 전혀 없었습니다.
중정에서 "간첩임을 자백하고 양심의 가책을 느꼈다"고 발표한 자살 동기가 이미 거짓입니다. 최종길이 자살을 한 것이라면 긴급구속장, 피의자 신문조서, 압수수색장, 부장에게 올리는 보고서, 신문보도안 등 서류 일체를 사후에 만들 이유가 전혀 없습니다. 간첩으로 만들면 그 시절에는 아무도 의심하거나 항의할 수 없었기에 고문치사를 은폐하기 위한 방법으로 이를 선택한 것입니다.

당시 최종길의 고문 수사관 차철권의 상관인 공작과장 안 아무개는 최종길의 타살 가능성을 2001년 의문사위에서 이렇게 구체적으로 진술했다.

(그날) 새벽 1~2시 사이에 두 사람 정도가 복도를 우당탕거리며 뛰어오는 소리를 들은 것은 분명합니다. 이 소리를 들은 직후 김 아무개 계장이 내가 자고 있던 방으로 나를 깨우러 왔습니다. 김 계장은 나를 깨운 후 7층 비상계단으로 데리고 나가더니 비상계단 좌측의 한쪽을 손으로 가리키면서 "여기서 밀어버렸어"라며 양손으로 최종길을 밀어 떨어뜨리는 동작을 연출했던 기억이 생생합니다.
최종길이 소변기를 딛고 투신자살했다기에 자세히 확인을 해봤으나 소변기에 발자국은 분명 없었습니다. 더구나 당시 최종길은 고문을 당한 이후였고 부검 사진에서 나타나는 엉덩이 상처로 볼 때도 최종길이 소변기를 딛고 투신자살을 했다는 것은 전혀 불가능한 엉터리 주장입니다.

당시 중정 건물 7층 경비원이었던 임 아무개도 2001년 의문사위에서 "최종길 교수가 (걷지도 못할 정도로 고문당한 상태에서) 변기를 밟고 창문을 딛고 올라가 떨어진다는 것은 상식적으로 이해할 수 없다"고 진술했다. 또한 임 아무개는 사고 후 (중정 요원) 차철권의 지시로 자신이 당시 허위 진술을 했다고 고백했다. 심지어 당시 중정 부장 이후락조차 "최종길이 접촉한 사람이나 북한에 갔다는 등의 얘기는 전혀 없었다"고 2001년 의문사위에서 진술했다.

철저하게 은폐하며
차단하고 소외시킨 진실

당시 최종길이 고문조사를 받던 중 사망하자 중정은 즉각 사태 수습에 나선다. 중정 감찰과장 이 아무개가 최종길의 만동생 최종수를 만나 회유한다. 중정에서 보상금으로 3천만원(당시 여의도 52평 아파트 두 채 값)을 주고, 자녀들 교육도 중정에서 책임지며, 최종길이 간첩이라는 사실도 발표하지 않겠다고 말한다. 대신 장례는 가족장으로 하고 시신을 화장하라고 요구한다.

이에 막냇동생 최종수는 보상금 제의를 거절하고 최종길을 억울하게 간첩으로 만들지 말 것, 자녀들의 교육에 지장이 없도록 할 것, 최종선을 계속해서 중정 감찰실에 근무하도록 할 것 등 세 가지를 중정 측에 제의한다. 특히 최종선은 중정에 다음 세 가지를 부장이 서명한 서면으로 써서 보장해줄 것을 요청한다.

첫째, 당신들의 살인행위를 은폐하고 이로 인한 저항을 억누를 목적으로 형의 죽음에 반역자로의 누명을 조작해 발표함으로써 형의 명예를 더럽히지 말 것. 당신들이 명예만 지켜주면 우리는 형이 정보부에서 돌아가셨다는 사실을 숨기고 교통사고로 돌아가셨노라고 침묵할 테니 날조된 누명을 씌워 발표함으로써 형을 두 번 죽게 하지 말고 너희들도 침묵을 지킬 것.

둘째, 일체의 사상관계 기록에 날조된 내용을 기재하는 등 사상적 제한을 가하지 말 것. 고인이 남긴 두 자녀가 아버지의 뒤를 이어 쾰른대학이나 하버드로 유학하고 싶다면 자유롭게 갈 수도 있도록, 그들이 설혹 검사가 되어 아버지의 죽음을 규명하고자 한다면 그렇게 될 수도 있도록, 그들이 원하는 것이 무엇이든 자유롭게 추구하면서 살아갈 수 있도록 일체의 사상적인 제한을 가하지 않도록 보장할 것.

셋째, 당신들의 살인행위를 은폐할 목적으로, 형님에게 날조하여 뒤집어씌우기로 한 범죄를 합리화하기 위하여 죄 없는 형의 친지, 동료 교수, 제자들에게 형에게 가한 고문을 가하여 허위 증거를 조작하지 말 것.

　　이 세 가지를 서면으로 보장하지 않으면 최종선은 결코 형님 사체 검시에 입회할 수 없다고 주장했다. 중정은 이 세 가지 제의를 들어주겠다고 약속했다. 하지만 곧바로 최종길이 간첩이라고 언론을 통해 발표하며 그 약속을 헌신짝처럼 버렸다.

　　뜻밖의 죽음으로 가장을 잃은 가족들의 고통은 그것으로 끝이 아니었다. 오히려 멀고 민 고통의 날들의 시작이었다. 중정은 가족들이 최종길

최종길 교수의 가족.

의 시신을 아예 보지 못하도록 차단한다. 무엇이 두려웠던지 장례식 영구
차를 감시하며 장례행렬을 통제한다. 중정 직원들은 최종길 집 앞에서 국
내 언론은 물론 외국 언론도 아예 취재를 할 수 없도록 몸으로 막았다. 그
런 와중에서도 미국의 몇몇 하버드대 교수들이 최종길 부인 백경자 여사
앞으로 애도의 전문을 보내왔다.

　뿐만 아니라 백경자 여사의 천주교정의구현전국사제단에서 집전한 첫
추모 미사 참례까지 막는다. 하지만 백경자는 추모미사에 참석하지 말라
는 중정의 협박에도 불구하고 평소처럼 아이 둘의 손을 잡고 미도파, 신세
계 등 백화점을 다니면서 쇼핑을 하는 척하다가 몰래 명동성당 안에 들어
갈 수 있었다. 그리고 함세웅 신부와 미리 약속한 대로 무조건 처음 만나
는 수녀를 만나 함 신부에게 안내해달라고 부탁해서 함 신부의 보호를 받

을 수 있었다. 그런 어려움을 뚫은 후에 백경자는 추모미사에서 남편을 위한 기도문을 낭독했다.

일부 서울대 동료 교수들의 행보는 유족을 더욱 힘들게 했다. 서울대 교수들 거의 다 조의금을 보내왔지만 간첩에게 무슨 조의금이냐며 거부한 교수도 있었다. 그리고 최종길과 그의 가족 지인들은 일체의 연락을 끊는다. 유족은 '빨갱이'라는 낙인에서 벗어나기 위한 어떤 노력도 할 수 없었다. 박정희 정권하에서 남편과 아버지의 죽음에 대한 의문 제기는 불가능했기 때문이다. 강요된 침묵의 길을 택할 수밖에 없었다.

나는 의문사위에 몸담았던 시절 최종길 교수의 재판을 참관한 적이 있었다. 2004년의 일이다. 그때 법원에서 유족들에게 직접 들은 몇 가지 사실을 정리하면 이렇다.

최종길 교수가 중정에서 의문사 당하고 난 뒤 당시 의사였던 부인 백경자 여사는 거의 6개월마다 직장을 옮겨야 했다. 새 직장에서 몇 개월만 지나면 곧 '빨갱이 마누라'라는 소문이 돌았기 때문이었다. 최 교수도 사망 후 10여 년 동안 재직했던 서울대학교로부터 퇴직금과 잔여 급여 등을 전혀 받지 못했다. 생전에 책 출간을 계약하고 집필을 완성한 상태였으나 그의 죽음으로 인세도 전혀 받을 수 없었다. 최종길 교수의 아들 최광준은 어린 시절 간첩의 자식으로 낙인찍혀 초등학교도 여러 차례 전학 다녀야 했다. 최종길 교수의 가족은 간첩의 처, 간첩의 자식이라는 말을 들을 염려가 있을 때마다 이사를 했고 직장과 학교도 수시로 옮겨야 했다.

결국 최광준은 국내 학교 진학을 포기하고 독일로 유학을 떠났고, 아버지의 뒤를 이어 독일에서 법학박사 학위를 받았다. 내가 그를 법정에서 만났을 때 그는 경희대학교 법대 교수로 재직 중이었다.

그럼에도 불구하고
귀환한 진실의 힘

한편, 형의 뜻하지 않은 죽음 이후 그의 막냇동생 최종선은 세브란스 정신병원에 위장 입원한다. 박정희 정권 아래서 "진실을 쓸 수 있는 곳은 이곳뿐"이라는 생각으로 중정의 감시를 피해 스스로 정신병원에 입원한 것이었다. 이곳에서 최종선은 형의 억울한 죽음을 낱낱이 기록해나간다.

이때 기록한 최종선의 수기는 1974년 겨울 함세웅 신부에게 전달되어 보관되다가 1988년 최종길의문사사건 공소시효를 며칠 앞두고 세상에 공개된다. 그리고 이 수기를 바탕으로 천주교정의구현전국사제단은 "최종길 교수의 죽음은 그를 간첩으로 만들기 위한 혹심한 고문 수사과정에서 빚어진 폭압적 권력에 의한 살인이라는 확신을 갖게 되었다"며 서울지검에 재수사를 요청한다.

검찰은 최종길 의문사 사건의 진상에 대한 국민적 관심이 점점 높아지자 이 사건에 대한 재수사에 착수한다. 하지만 정작 수사는 형식적이었고 아무런 성의도 없이 진행된다. 심지어 당시 검찰에 출두한 최종선을 정보부 사람으로 착각한 검사가 "수고 많으십니다. 적당히 덮어버리는 거지요, 뭐!"라고 말했다가 거센 항의를 받은 웃지 못할 일도 있었다. 결국 검찰은 "최 교수가 간첩이라는 증거도, 자살했다는 증거도 찾지 못했다"는 애매한 발표로 이 수사를 얼버무리며 종결한다.

의문사위는 2002년 이 사건에 대해 최종길이 간첩임을 자백한 사실이 없으며 중정에서 고문당한 사실이 확인됐다면서 최종길의 멍든 엉덩이 사진 자료 등과 함께 언론에 발표한다. 이로써 최종길의 타살이 사후 29년 만에 국가기관에서 공식적으로 인정되었다.

의문사위의 진실 규명 결정을 바탕으로 최종길 유족은 국가를 상대로 소송을 제기한다. 2006년 2월 14일, 사건 발생 33년 만에 서울고등법원은 1973년 중정에서 고문당하다가 숨진 최종길의 유족이 국가를 상대로 낸 소송에서 국가의 불법행위를 인정해 "국가는 유족들에게 18억 4천여만 원을 배상하라"며 원고 일부 승소판결을 내린다.

조작된 간첩들

최종길고문치사사건 사건일지

- **1973년** 최종선, 10월 중정 감찰실 근무 중 형인 최종길이 북한 공작원 이재원과 조사를 받을 거라는 얘기를 들음.

- **1973년** 최종길, 10월 16일 중정 직원이자 동생인 최종선과 함께 중정 자진 출두.

- **1973년** 최종길, 10월 19일 중정 건물 앞에서 사체로 발견.
  중정, 최종길이 간첩 사실 자백 후 남산분청사 7층 화장실에서 투신자살했다고 발표.

- **1974년** 최종선, 중정의 감시를 피해 스스로 정신병원에 입원해 형의 억울한 죽음에 대한 수기 집필. 겨울 함세웅 신부에게 전달되어 보관되었던 수기가 1988년 최종길교수사건 공소시효 며칠 앞두고 세상에 공개.

- **1988년** 검찰, 천주교정의구현전국사제단의 최종길교수사건 재수사 요청으로 재수사 착수.

- **2001년** 당시 중정 5국 10과 과장이었던 안 아무개, 당시 중정 감찰과 조사관 김 아무개, 당시 중정 수사단장 장송록, 당시 고문 수사관 차철권의 상관인 공작과장 안 아무개, 당시 7층 경비원 임 아무개 등이 의문사위에 고문치사 정황 진술.

- **2001년** 중정부장 이후락, 최종길이 접촉한 사람이나 북한에 갔다는 등 얘기가 전혀 없었다고 의문사위에 진술.

- 2002년 의문사위, 최종길의 고문치사 사실을 증거들과 함께 언론
    에 발표. 이를 계기로 유족들 국가 상대 소송 제기.

- 2004년 최종길 고문치사 사건 재판.

- 2006년 2월 14일 원고 일부 승소판결.

1977

：

재일교포 유학생
김 정 사

재일교포 출신 대학생들에 닥친
난데없는 수난

국군보안사령부(이하 보안사)《대공30년사》에 따르면, 1977년 4월 15일 부산대학교 학생 재일교포 유영수는 같은 유학생 원영삼의 이모부인 박 아무개 육군 준장에게 김일성을 찬양하는 내용을 담은 '불온서신(이적 표현물)'을 전달했다. 이를 받아 읽어본 박 아무개 준장은 이를 곧바로 보안 사에 신고했고, 유영수는 즉시 보안사 수사관들에 의해 체포된다.

2011년 이 사건에 대한 재심 판결문은 "(불온 서신의) 내용이 국가의 존 립 안전을 위태롭게 하거나 자유민주주의 기본 질서에 위해를 줄 명백한 위험을 초래하는 것이 아닐 뿐만 아니라 이적행위를 할 목적도 없었다"고 명시하고 있다. 그럼에도 보안사 수사관들은 1977년 4월 17일 유영수의 동생인 한양대학교 학생 재일교포 유성삼을 검거하고 가택수색을 강행 한다. 수사관들이 유성삼의 하숙집에서 발견한 이른바 '불온서적'은 김지 하의《법정투쟁기》, 김명식의 시 〈10장의 역사연구〉, 함석헌의 《씨알의 소리》, 장준하가 발행하는 《사상계》 등이었다.

보안사는 유성삼에게 이 책들을 자신에게 준 사람이 김정사라는 진술을 받아낸다. 그리고 1977년 4월 21일, 서울대학교 학생인 재일교포 김정사를 전격 체포한다. 이어 1977년 5월 5일, 유성삼과 같은 과에 다니고 있던 재일교포 손정자도 검거한다. 당시 보안사의 발표내용은 이랬다.

김정사는 재일한국민주회복통일촉진국민회의(이하 한민통, 1989년부터는 '재일한국민주통일연합'으로 변경[이하 한통련]) 간부 임계성에게, 유영수는 재일공작지도원 이시다에게, 그리고 유성삼은 형 유영수에게 지령을 받고 국내에 잠입해 간첩행위를 했다는 것이다.

신원불명 시체로
한강에 흘려보내겠다며 위협

2007년 김정사는 진실·화해를위한과거사정리위원회(이하 진실위)에서 당시 상황을 이렇게 회상했다.

1977년 4월 19일 서울 관악구 신림동 하숙집 현관에서 보안사 수사관들이 "네가 김정사야? 너 유성삼 알고 있지?" 하고 물어 알고 있다고 하자 두 대의 승용차 중 한 대에 태웠는데 다른 승용차에는 유성삼이 타고 있었으며, 차에 타자 양 손목에 수갑을 채우며 "너 북괴에 몇 번 갔다 왔어?", "이 빨갱이 새끼야" 등의 욕을 했다.

그리고 그 후 김정사는 강제로 보안사에 끌려갔고 보안사에서 겪은 고문조사 경험을 진실위에서 이렇게 진술했다.

서빙고분실 2층에서 수사관들에 의해 주먹과 몽둥이 등으로 뺨 얼굴 허벅지 엉덩이 구타, 다리에 몽둥이 끼운 채 밟기, 수건을 덮은 채 얼굴에 물 붓기, 엄지손가락에 전화선 연결해 전기고문, 엘리베이터실에서 물고문, 전기고문 등의 가혹행위를 당해 왼쪽 고막이 파열되었고 지금까지 다리가 불편한 상태다.

　　김정사는 2007년 국방부과거사위원회에서도 당시 보안사에 연행된 후 겪은 고초를 이렇게 증언한 바 있다.

전화기와 비슷하게 생겼으며 손으로 돌리는 형태이고 양쪽으로 선이 두 개 있는 것을 양손의 엄지손가락에 감아서 전기고문을 받았는데, 그 상처는 한 달가량이 지나면 사라져서 재판과정에서는 입증하기가 어려웠다. 의자에 앉아서 고개를 뒤로 젖히고 얼굴에 수건을 얹고 주전자로 물을 부어 숨을 못 쉬게 하는 물고문도 받았으며, 고문을 매일 받은 것은 아니고 제가 쓴 진술서가 그들의 기대에 못 미치는 일 등이 있을 때에 가해졌다.
한번은 "너 엘리베이터 타볼래?" 하면서 다른 방으로 끌고 갔는데 그 엘리베이터는 4개의 쇠로만 연결되어 받침만 있었고 위아래로 연결된 것으로 "이 엘리베이터는 북괴 간첩을 고문할 때 쓰는 것인데 고문하다가 죽으면 시체를 한강에 흘려보내 신원불명의 시체로 처리된다"고 위협했고, 하루는 수사관이 제 뺨을 때려 왼쪽 고막이 파열되었고, 의사가 보안사에 와서 치료를 했고, 60세 정도로 보이는 박모라는 일제 특고 경찰이었다는 사람한테 전기고문, 물고문 외에 다리 사이에 나무를 끼고 무릎을 꿇게 한 상태에서 무릎을 발로 밟히는 고문도 당했다.

1977년 서울고등법원 첫 공판에서 김정사는 변호인 김옥봉이 수사기관에서 왜 자백했는지 묻자 "수사기관에서 그렇게 진술한 사실이 없으며, 고문에 못 이겨 조서 말미에 무인을 찍었다"라고 대답했다. 또한 당시 변호인 이병용이 김정사에게 "보안사에서 조사받을 때 자유스러운 분위기에서 조사받았나?"라고 묻자 "(조사관들이) 전기고문(을 하고), 물 먹인 몽둥이로 때렸다"라고 진술했다. 당시 상고이유서에서도 김정사는 "(그때) 고문에 견디지 못해서 허위자백을 했고 검찰에서는 경찰조사관(보안사 조사관)이 입회하고 협박해서 허위자백을 했다"고 증언했다.

2007년 국방부 과거사위에서 김정사는 1977년 당시 재일지도원 임계성에 대해 "보안사에 연행되어 수사관들이 일본에서 만난 사람을 다 적으라고 해 일본에서 만난 사람을 적었는데 유학 오기 전에 만난 적이 있는 임계성이라는 이름을 적었고, 임계성과는 두 차례 정도 만난 것은 사실이나 강연회에 참석해 그의 강연을 들은 뒤 묻고 싶은 바가 있어 찾아갔었고, 시간이 없으니 다음에 만나자고 해 나중에 만났지만 임계성으로부터 지령을 수수한 사실은 없다"고 진술했다.

김정사는 또한 당시 항소이유서에서 "임계성으로부터 공산주의에 관

재일한국민주통일연합(한통련) 출범식 모습.

한 교양을 받은 바도 없고 또 간첩 지령을 받은 바도 없으며 그에게 국가
기밀을 제보한 사실이 없는데도 수사기관에서 조사 중 견디기 어려운 신
체적·정신적 사정(고문)이 있어서 사실 아닌 허위자백을 했으므로 이를
토대로 한 공소사실은 너무 억울하다"고 적었다.

극한의 고문은
옆방에서 들리는 동생의 비명

유영수는 2008년 진실위에서 보안사 조사실에서 수사관들이 "옷을 모두
벗기더니 나무로 만든 침대 모양의 커다란 판 위에 눕게 하고, 손발을 나
무판에 묶은 다음에 물이 가득 찬 커다란 주전자를 가져와 얼굴에 수건을

씌우고는 바로 물을 쏟아 부었다. 수사관들은 누구의 지시에 의해 이런 일을 하게 되었는지 말하라면서 계속해서 얼굴에 물을 부었는데 몇 번이나 숨이 막혀 기절했는지 기억도 나지 않는다"라고 진술했다. 그 후 유영수는 광주보안대로 연행되었다가 2~3일 후 서울로 이송돼 보안사 서빙고분실에서 조사받았다. 그는 당시 상황을 진실위에서 이렇게 회상했다.

보안사에 연행된 후 상당 기간 동안 전혀 잠을 재우지 않았고, 음식을 주지 않아 먹어본 기억이 없었고, 아주 밝은 불이 24시간 켜져 있는 조사실에서 거의 수십 일을 잠을 자지 못했다. 시간이 얼마나 지났는지 며칠이 지났는지 알 수가 없었다.

그 후 보안대 수사관들이 주먹으로 얼굴을 때리거나 군홧발로 정강이를 걸어찬다거나 각목으로 온몸을 마구 때리는 것은 기본적으로 늘상 했으며 수건을 얼굴에 덮어씌운 채 물을 부어 숨을 못 쉬게 해 자기들이 원하는 답을 말할 때까지 두드려 패거나 물고문 전기고문을 해 허위자백하도록 했는데, 육체적으로 가혹하게 당하는 것도 견디기 힘들었지만, 가장 힘들었던 것은 그 무엇보다도 옆방에서 들려오는 동생의 비명소리가 너무 견딜 수 없었다.

유영수는 또 진실위에서 "(당시) 이시다는 일본에 있는 흔한 이름으로 TV에서 들은 이름을 말한 것으로, 보안사 조사관들은 '누구로부터 지시를 받은 것인가?', '언제 북한에 갔다 왔나?'라는 두 가지로 계속 물고문과 구타를 했다. 이를 견디지 못해 '이시다'가 생각나서 아무렇게나 말한 것

조작된 간첩들

이지 누구의 지시에 의해 그런 일을 했다는 것은 허위의 사실이다. 보안대 수사관들은 이시다라는 이름을 말하자 원하는 답을 얻었다고 판단한 것인지 '이시다'가 어떤 사람인지에 대해 자세히 물어보지도 않았다. 실제로 어떤 목적으로 그런 서신을 작성해 (박 아무개 준장에게) 전달하게 되었는가 하는 것은 애초에 관심이 없었고, 자기들이 원하는 답만을 강요해 그것을 인정할 때까지 두드려 패거나 물고문 전기고문을 해 허위자백하도록 한 것"이라고 진술했다. 유성삼은 2007년 국방부 과거사위원회 조사에서 이렇게 회고했다.

가택수색에 동행했을 때 도망쳤다가 붙잡혔기 때문에 매우 많이 맞았으며, 오계장은 "너에게 물어볼 것은 하나도 없다"며 권총을 빼 들고 총으로 때렸으며, 군복으로 갈아입힌 후 몇 사람이 돌아가면서 집단으로 구타했고, 또 큰 방으로 옮겨서 많이 때렸는데 건너편에 형인 유영수가 있었던 것 같고, 수사관들이 형 유영수가 자신의 소리를 듣도록 하려고 했던 것 같았다.

서빙고에서 물고문 전기고문 비행기고문 등을 받으며 조사를 받았고, 손정자를 구속하지 않고 살려줄 테니 시인하라고 회유 협박을 했으며, 구치소에 간 후에도 서빙고로 출퇴근하며 계속 조사를 받았는데, 구속 후에도 얼굴 상처 등 고문 흔적이 남아 있어 타인이 보지 못하도록 아침 일찍 서빙고로 데려갔다가 밤늦게 구치소로 데려왔다.

'빈부격차가 심하다'는 말이
국가 기밀 누설

재일교포 유학생 원영삼은 진실위에서 1977년 사건 당일의 일을 이렇게 증언했다.

평소에 알고 지내던 군인들 몇 명이 전부 군복을 입고 제가 자고 있던 방으로 와서 권총을 들이대면서 "너 일어나" 하면서 깨워 유영수와 같이 연행되었다. 이모부(박 아무개 준장)에게 유영수를 소개했다고 해서 유영수와 공모한 것으로 의심한 수사관들에게 엄한 문초를 당해야 했고, 거의 1주일 이상 구금되어 머리나 얼굴을 때리는 정도의 구타를 당했는데, 당시에 그런 곳에 끌려가면 "살아서 나오기 힘들다, 병신 된다"라는 말을 평소에 듣고 있었기 때문에 절망감에 빠져 수사관들이 요구하는 것을 부정할 수는 없었던 심리상태였다.

임계성은 진실위에서 이렇게 진술했다.

1975년 7월경 김정사를 처음 만났는데, 당시 '재일한국청년동맹' 도쿄도본부 부위원장으로 활동 중, '일한연대연락회의'(1973년 김대중납치사건 이후 일본 국회의원들과 교수 등 일본인들이 김대중 구명운동을 위해 결성한 단체)에서 한국 전반에 대한 강좌를 요정해 도쿄에서 약 한 시간 정도 강의를 하게 되

1981년 전두환 정권이 야당 지도자 김대중에게 사형을 선고하자 일본의 한민통 회원들이 항의 기자회견을 가졌다.

었는데, 일본 신문에까지 광고가 나가서 일반 사람들도 많이 참석했고, 그 때 김정사가 참석을 했다. 강연 후 김정사가 "선생님 강의를 듣고 저도 재일 한국인으로 한국에 대해 좀 더 많은 이야기를 나누고 싶다"며 말을 걸어와 이야기를 나누면서 알게 되었다.

또한 임계성은 당시 김정사의 첫인상에 대해 진실위에서 이렇게 회상 했다.

김정사는 도쿄대학교, 와세다대학교 등 일본의 명문 대학교를 진학할 정도 로 똑똑했던 것으로 기억하고 있고, 김정사가 나에게 한국의 민족의식에 대해 많이 알고 싶다면서 한국에 유학하기를 희망한다는 말도 했었던 것으로 기억하며, 당시 한국의 김지하 시인에 대해서도 많은 관심을 가지고 있다는 말도 했고, 한국말을 잘 몰라 한국말을 배우기를 희망한다는 말도 했었다.

나는 김정사에게 북한 및 김일성 주체사상 등에 대해 선전하거나 교양한 사실이 없고, 설령 김정사가 김일성 주체사상에 대해서 물어보았더라도 당시에는 내가 김일성 주체사상이라는 단어조차 몰랐는데 어떻게 김정사에게 주체사상에 대해 설명이나 선전, 교양을 할 수 있었겠나? 그런 일은 전혀 없었으며, 김정사의 아버지는 민단 사이타마 본부의 간부로 활동했기 때문에 김정사도 북한에 대해서는 별다른 관심이 없었고 순수 한국의 민족의식에만 관심이 있었던 것으로 기억한다.

그러나 1977년 보안사는 고문조사 끝에 김정사, 유영수, 유성삼, 손정자를 국가보안법상 간첩, 고무·찬양, 회합·통신, 잠입·탈출 혐의와 긴급조치 위반 혐의로 기소한다. 그리고 3심 재판을 거쳐 1978년 김정사는 징역 10년, 유영수는 무기징역, 유성삼은 징역 6년, 손정자는 징역 3년 및 집행유예 5년을 각각 선고받는다.

이들의 이른바 간첩 범죄사실 가운데 "경부고속도로에 활주로가 있다" 또는 "대한민국은 빈부격차가 심하다" 하는 등의 내용은 당시 일본 언론에서 이미 다 보도된 것들이었다. 하지만 한국의 사법부는 이런 '국가 기밀'을 누설했다는 이유로 이들에게 간첩죄 등을 적용한 것이다. 검찰과 법원의 무리한 기소와 판결 때문이었는지 이들은 수감 이듬해인 1979년

8월 15일 모두 형집행정지로 석방된다.

　그러나 이 사건 판결은 1980년 신군부 정권에서 일어난 '김대중내란음모사건'에서 김대중에게 사형을 선고하는 근거가 된다는 데 그 의미가 있다. 다시 말해 이 사건에 대한 1978년 대법원 판결은 1980년 전두환의 '김대중 죽이기' 음모에 '합법성'을 제공하는 중요한 요소가 된다. 1973년 당시 미국에서 망명 중이던 김대중과 전 한신대학교 학장 김재준 박사 등이 '한민통'을 발족해 김대중이 초대 의장으로 추대되었다. 박정희·전두환 정권은 김대중을 '빨갱이'로 조작하기 위해 그가 초대 의장을 맡았던 한민통을 반드시 '반국가단체'로 만들 필요가 있었던 것이다.

무죄판결 후에도
자행된 입국 금지 조치

2009년 진실위는 이 사건에 대해 아래와 같이 진실 규명 결정을 내렸다.

한민통은 민단 내 인사들이 결성한 재일동포 단체로, 결성 목적이나 활동이 북한과 연계되어 남한 사회의 체제 전복을 목적으로 결성된 것으로 볼 만한 근거가 없다. 그럼에도 김정사사건 판결에서 명백한 증거 없이 한민통을 반국가단체로 판시한 후 이를 내세워 김정사의 간첩 혐의를 인정하고 중형을 선고함으로써 부당하게 김정사의 인권을 침해한 것이다. 또한 이후 다수의 재일동포와 관련된 국가보안법 위반 사건(김대중내란음모사건 등) 판결에서 김정사사건의 대법원 판결이 선례가 되어 유사한 인권침해를 야기하고 있다.

그로부터 2년 후인 2011년 9월 23일 서울고법은 이 사건으로 복역한 김정사와 유성삼 등에 대한 재심에서 모두 무죄를 선고한다. 선고문은 다음과 같다.

긴급조치는 국민의 자유와 권리를 제한하고 국민의 기본권을 침해한 것으로 현행법에 비춰 위헌이다. 이들의 공소사실도 무죄를 선고해야 한다. 김씨 등이 수사기관에서 작성한 신문조서나 진술서 등은 자유의지와 상관없이 작성된 것이다. 영장 없는 구속과 고문 등으로 이뤄진 자백은 증거가 되지 못한다.

2013년 5월 22일, 대법원도 이 사건 재심 재판에서 모두 무죄 확정판결을 선고한다. 당시 김정사는 "일단 무죄판결은 반갑다. 그러나 재일한국민주회복통일촉진국민회의(한민통)가 반국가단체가 아니라는 재판부의 언급이 없었던 점은 너무 실망스럽다"고 말했다.

박정희 정권이 1977년 '김정사사건'을 조작할 당시 대법원은 한민통을 '반국가단체'로 판결했다. 대법원의 이 판결이 이후 한통련 회원들의 입국을 극도로 제한하는 선례이자 족쇄로 작동해왔다. 시절이 바뀌어, 노무현 정부는 한통련 회원들이 아무 조건 없이 모국인 대한민국을 입국할 수

2011년 9월 23일 김대중내란음모사건의 한 원인을 제공했던 '재일교포유학생간첩사건'으로 실형을 선고받고 복역했던 김정사 씨(오른쪽)와 유성삼 씨가 34년 만에 무죄를 선고받고 서울고등법원에서 소회를 밝혔다.

있도록 조치한다. 그러나 그 후 집권한 이명박·박근혜 정부는 이 대법원 판결을 선례로 한통련 회원들의 입국을 다시 제한한다.

결국 2013년 이 사건 피해자들이 대법원에서 무죄판결을 받았음에도 한통련은 여전히 대한민국 정부로부터 반국가단체라는 낙인에서 벗어나지 못했다. 2019년 3.1운동 100주년을 맞아 한통련 모국 방문단이 한국에 들어올 수 있었다. 하지만 6.15 해외측위원회 위원장이자 한통련 의장인 손형근씨는 방한 명단에서 제외되었다.

위에서 언급했듯이, 한민통은 1973년 미국에 망명 중이던 김대중과 김재준 박사 등이 발족한 단체로 김대중이 초대 의장이다. 그리고 김대중은 그 후 대한민국 대통령을 거쳐 우리나라에선 최초로 노벨평화상까지 받았다. 그런데도 우리나라 사법부는 지금도 한민통(한통련)을 '반국가단체'로 규정하고 있다. 현 정부의 사법개혁이 시급히 필요한 이유다.

김정사사건 사건일지

- 1977년   보안사, 4월 15일 부산대 학생 재일교포 유영수를 불온서신을 전달했다는 혐의로 체포.

- 1977년   보안사, 4월 17일 유영수 동생인 한양대 학생 유성삼을 검거하고 가택수색.

- 1977년   보안사, 5월 5일 불온서적과 관련해 재일교포 서울대 학생 김정사와 재일교포 한양대 학생 손정자 검거.

- 1977년   보안사, 김정사 유영수 유성삼 손정자를 국가보안법상 간첩 고무찬양 회합통신 잠입탈출 혐의와 긴급조치위반 혐위로 기소.

- 1977년   서울고등법원 첫 공판.

- 1978년   대법원, 유영수 무기징역 등 선고. 이를 근거로 한민통(한통련)을 반국가단체로 규정.

- 1979년   8월 15일 유영수 유성삼 김정사 손정자 형집행정지로 석방.

- 2007년   김정사, 과거사위와 진실위에서 고문조사 경험 진술.

- 2007년   유성삼, 과거사위에서 고문내용 진술. 원영삼, 진실위에서 1977년 사건 당시 증언.

- 2008년   유영수, 진실위에서 고문내용 진술.

- 2011년   서울고등법원, 9월 23일 무죄 선고.

- 2013년   대법원, 5월 22일 무죄확정판결 선고.

⋮

신학 연구자
박 재 순

군사독재 시절로
시곗바늘을 되돌린 사건

이른바 '대법원의 사법농단'으로 온 나라가 충격에 빠진 적이 있다. 정작 장본인인 전 대법원장 양승태 씨는 재판 뒷거래 '말씀자료'가 '덕담'이라는 등 엉뚱한 말을 했다. 더욱이 그 '말씀자료' 문건을 만든 당시 임종헌 법원행정처 기획조정실장은 양 전 대법원장이 박근혜 전 대통령을 청와대에서 만난 바로 다음 날인 2015년 8월 7일 차장으로 승진했다. 양씨는 자신이 '사법농단'에 대해 결백하다고 주장한다. 특별조사단의 조사를 거부하는가 하면 질문하는 기자들에게 "내가 (조사받으러) 가야 하나?"라며 되묻기까지 했다.

자신이 정말 결백하다면 진실을 규명하는 사법부의 조사에 적극 협조하고 참여하여 자신의 결백을 보여주어야 하는 것 아닌가? '신성한 사법부'니 '사법부의 신뢰'를 목청껏 높이는 양씨가 정작 '신성한' 사법부의 조사를 거부하고 회피하면서 자신의 결백을 주장하는 것은 논리적으로 전혀 앞뒤가 맞지 않는다. 평생을 법조인으로 살았다는 양씨가 최소한 논리적으로라도 앞뒤가 맞는 답변을 하는 게 국민 앞에 최소한의 예의가 아닐까. 한 조직의 수장이라면 마땅히 자신이 한 일에 책임을 질 줄 알아야한다. 최소한 합리적·논리적·상식적으로 자신이 한 일에 대해 일반인들이 쉽게 알아들을 수 있도록 설득력 있게 설명할 수 있어야 한다.

전두환 정권 당시 '한울회사건'으로 2년 반 넘게 옥고를 치렀던 이가 있다. 박재순 박사다. 당시 이 한울회사건의 1심 판사는 이인제였고 대법원 판사는 이회창이었다. 박재순 박사는 김대중 정부 시절 이에 대해 민주화운동 유공자로 표창을 받았다. 하지만 2015년 박근혜 정권의 양승태 대법원장 시절 그는 다시 이 사건으로 서울고등법원과 대법원에서 유죄판결을 받는다.

박재순 박사가 평가하는 대로 "양승태가 지배하는 사법부는 박근혜 정권과 함께 군사독재 시절의 국가주의적 폭력과 만행을 정당화하고 옹호함으로써 역사의 시곗바늘을 군사독재의 국가폭력 시대로 되돌려놓은 사건"이다.

박재순 박사와 이메일과 전화로 인터뷰를 진행해 사건의 핵심을 들여다보았다(2018년 5월 30일~6월 4일).

묵시적으로 결의하여
반국가단체를 구성했다는 죄목

김성수 위키백과에서는 '한울회사건'을 "1979년 7월 충남 대덕군에서 기독교 청소년 33명이 모여 수양회를 열고 같은 해 12월 30일부터 3일간 서

조작된 간첩들

양승태 전 대법원장이 경기도 성남시 수정구 자신의 자택 인근에서 대법원장 재임 시절 법원행정처의 '(박근혜 청와대와) 재판 거래 의혹' 등 사법행 정권 남용 논란에 대해 입장 발표를 마치고 자리를 떠나는 모습.

울에서 열린 2차 수양회에서 이규호가 '자본주의 사회는 구조적 모순으로 한계점에 이르렀기 때문에 사회를 개혁해 공산주의 사회를 건설해야 한다'는 내용으로 된 〈현대의 공동체론〉이라는 논문을 발표한 것에 대해 '반국가단체를 구성했다'며 국가보안법 위반으로 입건한 전두환 정부의 공안 사건"이라고 정의하고 있다. 이런 '한울회사건'에 대한 정의가 적절하다고 생각하나?

박재순 검찰 공소장에서 나온 문구다. 반은 맞고 반은 틀렸다. 기독교 예배 모임이었던 한울회는 전두환 독재 정권을 비판하고 자본주의의 비리와 모순을 비판하면서 신앙생활 공동체를 모색했다. 1980년 광주민주화운동이 일어나고 전두환이 집권하면서 사회에 공포 분위기를 조성하고 군부 정권에 비판적인 세력들을 잡아들일 때 아람회, 오송회 등과 비슷한 시기에 한울회 사람들도 잡혀 들어갔다.

한울모임 사람들이 자본주의를 비판하고 전두환 독재 정권을 비판한 것은 사실이다. 하지만 공산주의 사회를 건설한다는 주장은 한 적도 들은 적도 없으며 결의한 적은 더욱 없다. 그래서 검사의 공소장에서도 "이심전심 묵시적으로 결의하여 반국가단체를 구성했다"고 기록되어 있다.

1차 대법원 판결(1982년 6월)에서 법관 5인 전원 합의로 무죄 취지의 원심파기 환송 결정을 했다. 이때 대법원 판결문도 검찰 심문조서, 경찰 조서, 진술서, 증인 진술 모두 살펴보아도 공산사회 건설을 위해 반국가단체를 결의한 사실이 없고 피고인들이 한결같이 부인하고 있음을 지적하고 있다. 또한 이 판결문은 반국가단체에 대한 개념을 규정하면서 반국가행위를 구체적으로 수행·계획·준비하지도 않았으며 실체적으로 국가사회에 대한 위협이 될 만한 단체를 구성하지도 않았다고 적고 있다.

그러나 파기환송심을 맡은 고등법원에서 새로운 증거나 증인 없이 또다시 유죄판결을 내리고 2차 대법원에서 다시 전원 일치로 유죄판결(1983년 2월)을 내렸다. 지난 1997년 한울회·아람회·오송회사건 피해자들이 공동으로《역사의 심판은 끝나지 않았다》를 출간하고 출판기념회를 했을 때 이석태 변호사가 서평을 통해 "1차 대법원에서 반국가단체 개념 규정까지 하면서 선원 일치로 무죄 취지로 파기 환송한 사건을 고등법

조작된 간첩들

《역사의 심판은 끝나지 않았다》 출판기념회. 앞줄 오른쪽에서 4번째가 박재순 박사다.

원에서 유죄판결을 내리고 2차 대법원에서 다시 전원 일치로 유죄판결을 내린 것은 사법부 역사상 큰 오점과 흠결을 남긴 것이다"라고 지적했다.

> 소중히 가꾸어 온
> 유학의 꿈 산산조각

김성수 지금은 회상조차 하고 싶지 않겠지만, 후진들을 위해서, 한울회사 건을 겪으면서 가장 힘들고 괴로웠던 순간들은 언제였는지?

박재순 한울회사건이 일어났을 때 나는 민중신학자 안병무 박사가 운영 하던 한국신학연구소에서 번역실장으로 일하고 있었다. 학문에만 전념 하기로 작정했던 나는 나름대로 조심하며 살았기 때문에 법적으로든 정치적으로든 잡혀갈 만한 일을 하지 않았다. 그래서 1981년 3월 말경 서대전경찰서로부터 수사에 협조해달라는 부탁을 받았을 때 크게 걱정하지 않고 서울에 사는 한울모임 사람들과 함께 대전으로 내려갔다.

서대전경찰서는 우리를 2층 강당에 온종일 대기시켜 놓더니 밤이 이슥해져서야 한 사람씩 불렀다. 건장한 두 사람이 나더러 함께 가자고 했다. 칠흑 같은 밤에 검은색 승용차 한 대가 경찰서 앞에 서 있었다. 나를 차 뒷좌석 가운데 앉히더니 검은 천으로 눈을 가리고는 한참을 달렸다. 그들은 어떤 건물 2층으로 나를 끌고 올라가서 방에 가두어놓고는 고문과 수사를 시작했다. '북한과 무슨 관계가 있느냐', '북한에서 어떤 지원을 받았느냐'고 다그치기에 내가 그런 일 없다고 부정하자 욕하고 때리며 온갖 모욕을 주었다.

그리고 무릎 사이에 작은 병을 끼워 한동안 꿇어앉아 있게 했다. 후에 알고 보니 내가 처음에 갇혀 있던 곳은 대전의 한 여관방이었다. 밥은 주다 말다 했고 8일 동안을 잠을 자지 못하게 했으며 씻지도 못하게 했다. 그때 거울에 비친 나의 모습은 참혹 그 자체였다. 눈은 시뻘겋고 머리와 수염은 텁수룩하니 뒤엉켜 있었다. 그렇게 보름쯤 여관에 갇혀 있다가 끌려간 곳은 도경 대공분실 지하 감방이었다. 거기서 다시 한 달쯤 조사를 받으며 시달렸다. 나는 당시 1심 재판을 받을 때까지 6개월 이상 가족도 변호사도 만나지 못했다.

내가 한울회사건과 관련해서 한 일이 있다면 광주민주화운동이 일어났을 때 수양회 설교와 성경공부 시간에 광주시민을 학살한 군인들과 전두환을 비판한 것밖에 없다. 특별히 대단한 일을 한 것도 아닌데 그리 오래 가두어놓고 "이심전심으로 묵시적으로 반국가단체를 구성했다"는 터무니없는 죄목으로 기소한 검찰은 1심에서 내게 징역 10년을 구형했다.

그때 내게 가장 불안하고 괴로웠던 건 제대로 한 일도 없이 감옥에 갇히게 되어 나의 꿈이었던 외국 유학과 학자로서의 길이 막히게 되었다는 절망이었다. 10월쯤 되니 감옥엔 습기와 냉기가 돌았고 몸이 약했던 나는 그것을 견디지 못했다. 계속 기침을 해대면서 오래 살지 못할 것을 직감했다. 그 후 서울과 대전을 오르내리며 고등법원, 대법원, 다시 고등법원, 대법원으로 신물이 나도록 길고 긴 재판을 받아야 했다. 당시 악독한 검찰과 비겁하고 무기력한 판사들을 보면서 깊은 절망에 빠졌다.

촛불혁명 정국에서 자행된
사법농락이라는 뼈아픈 절망

날조된 터무니없는 죄목으로 재판을 받고 2년 반 이상 옥고를 치렀지만, 진실을 바로잡을 길이 없는 현실이 가장 힘들고 괴로웠다. 경찰, 검사, 판사는 허위사실을 날조·조작하여 법과 권력으로 짓밟을 뿐 진실을 밝히는 데는 아무런 관심이 없었다. 이들도 사람인데 사람들에게서 진실과 양심, 이성과 정의를 전혀 기대할 수 없었던 것이 안타까웠다. 불의하고 비합리적이고 오직 폭력뿐인 공권력을 오랜 세월 지켜본다는 것 자체가 내게는 현재진행형의 고문이었다.

김대중 정부 때 한울회사건으로 민주화운동 유공자 표창을 받았다. 2010년 이명박 정권 때 재심을 청구했더니 5년 이상 끌다가 박근혜 정권 때 일부 재심 허락을 받았다. 그 후 2015년 5월에서 2017년 1월 사이에 2년 가까이 재판이 진행되었다. 그러나 양승태 대법원장이 지배하는 법정에서 사법농락만 당하다가 결국 다시 반국가단체 유죄판결을 받았다. 너무나 어이가 없었고 기가 막혔다. 더욱이 촛불혁명이 한창 일어날 때 이런 판결을 받은 것이 더욱 아프고 괴로웠다. 나는 사법부의 적폐를 뼈저리게 경험했다.

내가 참으로 괴롭고 가슴 아프게 생각한 것은 한울모임과 관계했던 어린 학생들의 고통과 시련이었다. 내가 반년 이상 가족 면회를 하지 못하고 한 달 이상 불법 구금 상태에서 가혹한 고문을 당하고 옥고를 치른 것은 오히려 큰 고통으로 여겨지지 않았다. 당시 20여 명의 고등학생들이 경찰, 검찰로부터 그리고 학부모와 학교로부터 협박과 고통을 당한 것이 내게는 더욱 참기 어려운 아픔이었다. 어린 학생들이 심리적·사회적으로 겪은 압박과 고통은 이들의 삶에 평생 무거운 짐이 되었을 것이다. 신앙과 진리, 인생과 역사를 가르치며 순수하고 진실하게 만났던 어린 학생들에게 말할 수 없는 고통과 시련을 겪게 했다는 자책감이 오랫동안 무겁게 나를 짓눌렀다.

내가 오랜 세월 연락도 되지 않고 갇혀 있을 때 가족들, 특히 늙으신 어머니의 심적 고통을 생각하면 지금도 가슴이 저리다. 내가 감옥에 있을 때 어머니는 감옥에 있는 나를 생각하시며 추운 밤중에 부엌에 홀로 서 계시기도 하고 온기 하나 없는 담벼락 아래 서 계시기도 하셨다고 한다. 어머니는 어디에 서 있어 보아도 추운 겨울밤을 견디어 낼 수 없을 것 같다고 하셨다. 그렇게 나를 걱정하고 염려하던 어머니는 결국 피를 토하셨다고 한다. 당시 감옥에서 그 이야기를 전해 듣고 나는 나를 걱정하는 어머니가 너무나 걱정되고 안타까웠다.

사리에도 법리에도
맞지 않는 사법적 만행

김성수 지난 김대중 정부에서 선생님은 이 한울회사건으로 민주화운동 유공자 표창을 받았다. 그러나 법적으로는 이 사건에 대해 무죄판결을 받지 못했다. 대통령이 민주화운동 유공자로 표창한 사건을 어떻게 법원에서 무죄판결을 받지 못하는 이상한 일이 발생했다고 보나?

박재순 만일 노무현 정부 이후에 민주 정부가 들어섰다면 이런 터무니없는 일이 일어나지는 않았을 것이다. 우리는 민주화운동 유공자로 표창을 받았기 때문에 사법부에서 다시 유죄판결을 내릴 것이라고는 꿈에도 생각하지 못했다. 그래서 진실위에 한울회사건의 조사를 신청하는 데 게을렀다. 같은 시기에 재판을 받았던 아람회, 오송회가 재심을 통해 무죄판결을 받고 배상을 받았다는 소식을 듣고 그제야 한울회도 재심 청구를 하게 되었다. 그래서 이명박 정권 시절인 지난 2010년 재심을 청구했던 것이다. 그러나 뜻밖에도 2013년 서울고등법원에서 기각되었다. 충격이 너무 커서 믿기지 않았다.

더욱이 고등법원의 기각 사유가 황당하고 기이했다. 내가 당당하게 재심을 청구할 수 있었던 것은 무엇보다 한울회가 반국가단체를 구성한 사실이 전혀 없었기 때문이다. 게다가 광주민주화운동에 대해 내가 한울모임에서 한 발언으로 나는 김대중 정부에서 민주화운동 유공자로 표창을 받았으니 문제없으리라 생각했다. 그러나 고등법원 판사들은 반국가단체 구성은 유죄이고 광주민주화운동에 대해서 내가 한울모임 때 발언한 것도 민주화를 위해서 한 것이 아니라 "그저 저희끼리 해본 소리"라면서 유죄라고 판결했다.

광주민주화운동과 관련해서 광주시민을 학살한 군인들과 전두환을 비판한 것이 유죄라는 것은 사리에도 법리에도 전혀 맞지 않는다. 이미 전두환·노태우는 국가변란을 일으킨 반역죄로 처벌을 받았고 이들이 저지른 광주시민 학살은 범죄이며 이들이 선포한 계엄령은 불법 무효라는 판결이 사법부에서 내려졌다. 그런데 광주시민을 학살한 군부 정권과 군대를 비판한 것이 유죄라고 서울고등법원이 내린 재심 기각 판결은 사법적 만행이라고 생각된다. 담당 변호인들도 재심 기각 판결문을 받아보고 말이 되지 않는 판결이라며 상고하겠다고 했다.

서울고등법원에서 이렇게 황당한 판결을 한 것은 내가 우리를 기소했던 정용식 검사를 통렬하게 비판했고 대법원을 두 차례 오가며 결국 유죄 판결을 내린 사법부의 책임과 잘못을 강력하게 비판했기 때문일 것이다.

검찰과 사법부의 치명적인 잘못과 불의를 강력하게 고발하고 규탄했기 때문에 사법부의 치부를 가리기 위해서 이런 무리한 판결을 내렸다고 짐작한다. 또한 진실위에 한울회사건의 조사를 신청하지 않았기 때문에 경찰과 검찰의 불법과 한울회사건의 진상을 드러내는 새로운 자료와 증거를 제시할 수 없었다. 따라서 법원에서 새로 다룰 법적 증거를 제시하지 못한 것도 재심을 기각하게 하는 빌미가 되었다고 본다.

사법부를 통렬하게 고발하고 규탄한 것에 대한 괘씸죄

대법원에 상고한 결과 2015년 초 대법원은 반국가단체 부분은 유죄이나 광주민주화운동에 대해서 내가 발언한 것은 유죄라고 할 수 없으니 재심을 허락한다고 판결했다. 유죄판결을 받았던 6인 가운데 광주민주화운동에 대해 발언을 했던 이규호 선생과 나만 재심이 허락되고 다른 4인은 재심조차 허락되지 않았다. 우여곡절 끝에 2015년 5월 서울고등법원에서 재심이 시작되었다. 그러나 고등법원 판사들은 대법원이 제시한 지침대로 반국가단체 부분은 유죄로 하고 광주민주화운동 발언만 심리하자고 주장했다.

나와 다른 피고인들과 변호인들은 강력하게 사건 전체를 재심해야 한다고 주장하며 맞섰다. 그래서 나와 이규호 선생은 강력하게 무죄를 주장하며 34년 전에 우리를 재판한 검사와 판사들이 직권을 남용하여 불의와 불법을 저질렀다고 비판했다. 그리고 한울회사건의 잘못된 판결을 바로 잡아 사법부의 정의를 세울 것을 강력하게 촉구했다. 그래서 그런지 법정에서 판사들은 매우 난처한 표정을 지었고 검사들은 고개를 숙이고 아무 말도 하지 못했다.

2015년 5월에 재판이 시작되어 2017년 1월 재판이 끝날 때까지 판사들이 세 차례 바뀌었다. 첫 번째 판사는 맡은 지 얼마 지나지 않아 인사이동으로 바뀌었다. 두 번째 부장판사는 변호사들을 압박하면서 형량을 감경해주겠다며 재판을 속히 끝내자고 했다. 피고들의 말을 들어주는 듯이 하다가는 피고들의 주장일 뿐이라며 재판을 끝내려 들었다. 나는 몹시 화가 나서 크게 싸워보려고 하다가 변호인과 의논하여 판사들의 재판을 거부하기로 했다. 이규호와 함께 재판에 항의하는 글을 써 보내고 그 무렵 몸을 다쳤던 나는 법정에 나가지 않았다.

그러다가 두 번째 재판부도 인사이동을 하게 되어 재판부가 바뀌게 되었다. 새로 배당된 재판부는 부담을 느꼈는지 우리 재판을 다른 재판부로 넘겨버렸다. 네 번째 맡은 재판부는 우리의 주장을 일부 받아들여 우리가 신청한 증인 4인의 증언을 듣기로 했다.

당시 고등학생이었던 예 아무개와 임 아무개는 50세 중년이 되어 증인으로서 35년 만에 법정에 섰다. 이들은 35년 전을 회상하며 눈물을 철철 흘리며 당시 경찰, 검사, 학교의 압박과 회유로 말할 수 없는 시련과 고통을 겪었다고 호소했다. 그리고 그들의 선생이었던 나와 이규호에 대해서 당시 제대로 증언하지 못한 것을 후회하고 사죄한다고 말했다. 당시 대학생이었고 현재 공주사범대학교 교수인 장수명도 눈물을 흘리며 한울모임이 얼마나 순수하고 진지했는지를 증언했다. 당시 방위병으로서 군사재판을 받았던 김종생은 큰 교회 목회자가 되어 있었다. 김 목사도 눈물을 흘리며 한울모임이 순수하고 진지했던 신앙생활 공동체였음을 증언하고 당시 군 검찰의 고문과 압박, 모욕과 학대가 극심하여 화장실에서 여러 차례 자살을 시도했다고 하여 충격을 던졌다. 네 사람의 증언은 더없이 진실되고 감동적이었다.

증인들은 그처럼 절절하고 감동적으로 진실을 말하고, 피고인과 변호인은 간절하고 절실하게 양심과 법에 따라 재판해달라고 호소했다. 그러나 재판부는 대법원의 지침대로 반국가단체 부분은 유죄, 광주민주화운동 관련 발언은 무죄로 보고 징역 2년 6개월을 집행유예로 판결했다. 집행유예로 형량을 감경하면서 국가배상신청서를 주며 배상신청을 하라고 했다. 배상신청을 했으나 결국 그마저 배상 불가 판정을 받았다.

양승태 대법원장 시절
철저하게 '법관동일체'

김성수 한울회사건으로 6명이 재판받고 옥고를 치렀는데 2015년 재심 신청 결과 4인은 기각되고 선생님과 이규호 선생 두 분만 재심이 허락되어 재심 절차를 밟았다. 당시 고등법원과 양승태 대법원의 판결을 받으면서 느낀 점은?

박재순 한울회사건의 재심과 관련하여 내가 느낀 것은 적어도 양승태 대법원장 시절에는 대법원과 고등법원이 철저하게 한통속으로 움직였다는 것이다. '검사동일체'라는 말이 있듯이 '법관동일체' 원칙이 있는 것처럼 여겨졌다. 한울회 재심 사건에 대해 대법원과 서울고등법원의 판결은 헌법정신과 민주정신을 파괴하는 사법적 폭력이고 농단이라고 느꼈다.

양승태가 지배하는 사법부는 박근혜 정권과 함께 군사독재 시절의 국가주의적 폭력과 만행을 정당화하고 옹호함으로써 역사의 시곗바늘을 군사독재의 국가폭력 시대로 되돌려놓았다고 생각한다. 나로서는 전두환 군사독재 시대의 사법부와 박근혜 정권과 코드를 맞춘 양승태 대법원의 차이를 조금도 느끼지 못했다.

물론 차이가 없지는 않았다. 아니 아주 큰 차이가 있었다. 35년 전 대전에서 1심 판결을 받을 때는 법정에서 검사의 위세가 하늘을 찔렀고 판사들은 고양이 앞의 쥐보다도 더 무기력하고 위축되어 있었다. 판사들은 고개도 들지 못했고 검사가 완전히 법정을 지배했다. 그러나 2015년과 2016년 한울회 재심을 다루는 서울고등법원의 법정에서는 판사들의 권세와 위력이 검사와 변호인에 대해 강력하고 위압적임을 느꼈다. 피고들이 과거의 검사를 심하게 규탄하고 책망하자 검사들은 가만히 고개를 숙이고 있었다. 어떤 검사는 재판이 끝날 때마다 우리를 따라오면서 우리에게 사과하고 우리를 격려하고 위로하기도 했다.

이 일련의 과정에서 나는 불의하고 위선적인 사법부에 국민의 통제에서 벗어난 권력을 주는 것은 매우 위험하고 잘못된 것이라고 느꼈다.

국가폭력 배상신청 시효를
풀어야 하는 이유

김성수 2013년 양승태 대법원장 시절 전원합의체 판결 이후로 긴급조치를 포함한 수많은 과거 국가폭력 사건 피해자들의 국가배상 소송은 소멸시효 등 문제로 패소했다. 게다가 배상금을 삭감하는 양승태 대법원의 판결에 따라 국가가 희생자 유족을 상대로 '부당이득금'을 반환하라는 소송까지 제기하면서 피해자와 유족들은 지금도 이중 고통에 시달리고 있다. 이런 상황에 지금도 국가폭력 피해자보다는 가해자 입장에 서 있는 (대)법원과 '국가'에 하고 싶은 말은?

박재순 국가폭력의 피해자들에 대한 국가배상 소송의 시효를 갑자기 엄격히 제한하고 시효가 소멸되었다는 핑계로 소송을 기각하는 것은 국가에 대한 국민의 권리를 부정하고 국민을 보호하고 보살필 국가의 책임과 의무를 조금도 생각하지 않는 일이다. 국민을 국가의 노예나 자원으로 생각하는 군국주의, 국가주의의 낡은 국가관을 가지고 사법부가 재판해 온 것으로 판단된다.

국가는 국가가 저지른 불법과 범죄를 바로잡을 책임과 의무를 지고 있다. 사법부가 법을 악용하고 조작하여 국가폭력 피해자들에 대한 국가의

배상책임을 면제해준 것은 사법부가 헌법정신과 민주정신을 짓밟는 국기문란을 일으킨 것이고 국민주권을 기본으로 하는 헌정질서를 파괴한 것이다.

사법부와 국가는 그동안 양승태가 지배한 사법부가 국가폭력의 희생자들에게 저지른 사법적 농단과 만행을 바로잡을 책임과 의무가 있다. 민주화운동을 하다가 국가로부터 불법적인 폭력을 당한 국가폭력 희생자들의 명예를 회복하고 배상하는 것은 헌법정신과 민주정신을 지켜야 할 국가와 사법부의 마땅한 도리이고 책임이다.

국가가 불법 부당하게 국민에게 폭력을 저질렀다면 당연히 국가는 국민의 명예를 회복시키고 배상해야 할 책임과 의무가 있다. 국가폭력 희생자들이 명예를 회복하고 배상을 받도록 국가는 적극적으로 알리고 안내하고 권유할 책임과 의무가 있다. 더 나아가 국가는 과거 자신의 잘못과 불법을 국가 스스로 바로잡아 가야 한다.

따라서 국가는 국가폭력의 피해자들을 위해 배상신청 시효를 없애고 피해자들이 배상신청을 하도록 협력할 뿐 아니라 국가가 피해자들을 대리해서 피해자들의 명예를 회복하고 배상을 받도록 법적·행정적 절차를 밟아가야 한다.

사법부,
군사독재를 체화한 낡은 시대의 유물

김성수 지난 2015년 '한울회사건'과 관련하여 '34년 만에 법관들께 다시 보내는 탄원서'에서 "저는 지난 34년 동안 한울회사건의 재판이 불의할 뿐 아니라 부적절하고 비정상적으로 이루어졌다는 생각을 가지고 살아 왔습니다"라고 했는데, 그 사유를 좀 더 풀어 밝히면?

박재순 한울모임은 내가 만난 사람들 가운데 가장 순수하고 소박한 신앙 인들이고 지식인들이었다. 내가 20대 후반에 어떤 이해관계도 생각하지 않고 신앙과 진리를 생각하며 따뜻한 정을 가지고 만났던 이들이다. 게다 가 20여 명의 중·고등학생들과 신앙과 진리를 말하면서 만남을 이어간 것은 참으로 순수하고 아름다웠다고 생각한다.

그 무렵 독재자 박정희가 갑자기 죽고 정치군인 몇이 국가변란을 일으 켜서 광주에서 무고한 시민들을 학살하는 끔찍한 사건이 일어났다. 나는 광주의 사건에 대해서 전해들은 소식도 있고 미국의 《뉴스위크》를 통해 자세한 내막도 알 수 있었다. 따라서 한울모임 수련회 때 성경공부를 하면 서 시민을 학살한 군인들을 비판하는 말을 했던 것이다.

이런 한울회 사람들에게 국가보안법과 계엄법을 적용해서 반국가단체 구성죄와 계엄법위반죄로 기소하고 어린 고등학생들을 경찰, 검사, 학교 에서 위협하고 괴롭힌 것은 지금도 용서가 되지 않는다. "이심전심으로 묵시적으로 공산사회를 건설하는 반국가단체를 구성하기로 결의했다"는 코미디 같은 검사의 공소장이 1심, 2심, 그리고 대법원 판결을 두 차례나 거치고도 법적으로 유죄판결을 내리는 근거가 되었다는 것은 정말 받아들일 수가 없다.

이 공소장 내용이 35년 후에도 다시 고등법원과 대법원에서 유죄판결의 근거가 되었다는 사실을 결코 용납할 수가 없다. 우리나라 사법부는 현대사의 격랑 속에서 배운 것이 하나도 없었던 것일까? 3.1운동, 4.19혁명, 광주민주화운동, 6월시민항쟁, 촛불혁명이 일어나는 동안 이 나라 사법부만은 홀로 박물관 골동품처럼 일제 식민통치의 군국주의, 해방 후 군사독재를 체화한 낡은 시대의 유물로 남은 것인가! 나의 양심과 이성으로는 한국 사법부의 이런 행태를 이해할 수도 용납할 수도 없다.

한울모임에는 정의감을 가진 이들이 있었지만, 순수하고 소박한 신앙 모임이었다. 1981년도에 불의하고 악독한 군부 정권에 의해 옥고를 치렀지만, 이 사건의 진실이 이렇게 오래 묻혀 있는 것을 받아들이기 어려웠다. 더욱이 비슷한 시기에 비슷한 죄목으로 재판을 받은 다른 사건들인 아람회, 오송회는 재심을 통해 무죄판결을 받고 배상까지 받았다. 한울회만은 재심이 기각되었다가 부분적으로만 재심 허락이 났고 다시 유죄판결을 받고 보니 그저 기가 막힐 뿐이다. 이렇게 된 것은 오로지 노무현 정부 다음에 반민주적인 이명박·박근혜 정부가 들어섰고 그 정권에 빌붙은 양승태 대법원이 있었기 때문이다.

35년 전에도 대법원을 두 차례나 오가면서 한심하고 어이없는 재판과

박재순 박사는 요즘 함석헌 사상 연구로 분주한 나날을 보내고 있다.

정을 겪었는데 이번에 다시 고등법원과 대법원의 사법농단을 당하고 보니 더욱 한심하고 기가 막힌다. 한국사회가 민주화를 위해서 그렇게 오랜 세월 시련과 고통을 겪으며 애써왔는데 내가 관련된 한울회 사건은 1981년 전두환 정권 초기 사법적 폭력과 불의의 상황에서 조금도 벗어나지 못하고 있다. 이런 시대착오적인 판결을 받고도 할 수 있는 일이 아무것도 없다는 것이 안타깝고 한스러울 뿐이다.

박재순

1950년 충남 논산에서 태어나 대전고등학교를 졸업하고 서울대 철학과를 마친 후 한국신학대학교에서 신학박사 학위를 받았다. 1973년 함석헌 선생을 만나서 성경과 동양고전을 배우며 씨알사상을 공부하기 시작했다.

한국신학연구소 번역실장으로 일했으며(1980~1985), 한신대학교와 성공회대학교에서 연구교수와 겸임교수로 가르쳤다(1992~2006). 씨알사상연구회 초대회장(2002~2007), 씨알재단 상임이사(2007~2014), 씨알사상연구소장(2007~)으로 평생 민주생활철학인 씨알사상을 연구하고 알리는 일에 힘써왔다.

안창호와 이승훈, 유영모와 함석헌의 정신과 사상을 연구하면서 한국 근현대의 민주정신과 사상으로서 씨알사상을 정립하는 게 꿈이다. 《씨알사상》, 《다석 유영모》, 《함석헌의 철학과 사상》, 《생명의 길 사람의 길》, 《삼일운동의 정신과 철학》 등을 썼다.

조작된 간첩들

한울회사건 사건일지

- 1979년   7월 충남 대덕군에서 기독교 청소년 33명 1차 수양회 실시.

- 1979년   이규호, 12월 30일부터 3일간 열린 2차 수양회에서 〈현대의 공동체론〉 논문 발표.

- 1981년   박재순, 3월 말 서대전경찰서의 수사협조 부탁을 받고 한울 모임 사람들과 함께 대전으로 감.

- 1982년   대법원, 6월 무죄 취지의 원심 파기 환송 결정.

- 1983년   2차 대법원, 유죄판결.

- 1997년   한울회·아람회·오송회사건 피해자들, 공동으로 《역사의 심판은 끝나지 않았다》 출간.

- 2010년   박재순, 재심 청구.

- 2013년   서울고등법원, 재심 청구 기각.

- 2015년   5월 서울고등법원에서 재심 시작.

- 2015년   박재순, '34년 만에 법관들게 보내는 탄원서' 작성.

- 2017년   1월 무죄판결.

1980

:

진도 어부
김 정 인

평화롭던 어촌 마을에
느닷없는 날벼락

지난 박정희·전두환 정권 시절 어부들은 조작 간첩의 좋은 '재료'였다. 어부들은 약삭빠른 도시인들에 비해 자기방어 능력이 약할 수밖에 없는 데다 조업 중 풍랑에 휩쓸려 북한 해역을 넘나들기 쉬운 까닭이다. 군사정권은 정치적으로 긴장이나 위기가 필요할 때마다 수시로 '간첩 사건'을 발표해서 국면 전환용으로 활용했다. 그 과정에서 죄 없는 어부와 가족들은 '간첩'으로 둔갑되어 군사정권 연장을 위한 손쉬운 소모품이 되었다. 김정인, 한화자, 석달윤씨 등도 전두환 정권이 써먹은 그 소모품 중 하나였다.

  1980년 전남 진도군의 한 작은 섬마을에서 일어난 이야기다. 김정인은 처 한화자와 함께 어장을 운영하는 어부였다. 그의 외척 석달윤도 한 동네에 사는 어부였다. 1980년 8월의 어느 무더운 여름날이었다. 이 조용한 시골 마을에 비극의 날벼락이 떨어졌다. 중앙정보부(이하 중정) 요원들이 들이닥쳐 '간첩' 박양민의 조카 김정인(당시 41세)과 그의 처 한화자, 동생 김정수, 모친 박두례, 외척 석달윤, 이모 박공심, 박양민의 동창 장제영 등을 '진도가족간첩단'이라며 강제연행해 간다.

중정 요원들은 이 어부 가족들을 1980년 8월 21일부터 9월 30일까지 36일에서 50일 동안 불법감금하고 매타작과 모진 고문을 자행한다. 결국 김정인 등으로부터 '자백'을 받아내고는 모두 7~8회에 걸쳐 중정 지하실에서 진술서와 조서를 받아낸다. 김정인은 나중에 서울지법 공판에서 "(중정과) 검찰에서 자백한 것은 또 고문이 있을까봐 허위자백한 것이다"라고 진술했다.

고문당하는 소리를
서로 듣게 하는 악랄한 고문술

당시 김정인의 처 한화자는 "손목이 뒤로 묶인 채 물속에 머리를 집어넣는 고문을 당했고, 각목을 뒷무릎에 끼우고 꿇어앉게 하는 고문을 당했고, 구두로 구타당하는 고문을 당했다", "샤워장 같은 곳에 저를 세워 두고 옆방에서 남편이 고문당하며 지르는 비명소리를 듣게 하면서 협박했다", "하루는 나를 남편 김정인이 있는 옆방으로 데리고 갔는데, 문틈으로 남편 얼굴이 보였다. 중정 직원이 샤워기를 틀어 내 얼굴에 물을 뿌리기 시작했다. 나는 질식할 것 같아 비명을 질렀다. 이를 본 남편 김정인은 눈물을 흘리면서 중정 직원에게 애원하기를 '내가 모든 것을 뒤집어쓰고 갈 터이니 우리 가족은 제발 살려달라, 내 처는 나한테 시집온 죄밖에 없다'고 히면서 애원을 했다. 나도 울고 남편도 울었다"라고 훗날 진실·화해를

위한과거사정리위원회(이하 진실위)에서 진술했다.

또 처 한화자가 중정에서 물고문을 받아 까무러칠 때 남편 김정인은 "마누라는 죄가 없으니 나만 죽이시오"라고 울부짖었다. "당신과 자식들만 살 수 있으면 나는 100번이라도 누명 쓸 것"이라고도 했다. 당시 김정인·한화자 부부는 5남매를 키우고 있었고 큰아들이 열일곱 살, 막내딸이 세 살이었다.

한화자는 또 진실위에서 "(김정인은) 가족을 사랑하는 우직한 남편이었다. 남편 김정인은 간첩 활동을 한 것이 전혀 없고 오로지 고기를 많이 잡아 처자식 먹여 살리는 데 급급한 착한 사람이었다. 이 일로 우리 가족은 풍비박산이 났으며, 더 이상 진도에서 살지 못하고 목포에서 숨어 살았다. 나도 중정에 끌려가 약 2개월간 불법감금 상태에서 죽지 않을 만큼 맞았다"라고 진술했다.

한화자는 '간첩 가족'이라는 손가락질에 시달리다 시어머니와 아이들을 데리고 고향 땅을 떠나야 했다. 그는 목포에 정착해 식모살이, 공장 야간작업 등 닥치는 대로 일하며 "남편의 누명을 벗기려면 자식들을 가르쳐야 했다"고 훗날 법정에서 진술했다.

전기고문이 두려워 한 허위자백이
눈덩이처럼 불어나

훗날 진실위에서 김정인의 외척 석달윤은 이렇게 진술했다.

1980년 8월 중정으로 연행된 첫날 양손에 수갑을 채우고 손과 발을 묶은 뒤 몽둥이를 끼워 책상 사이에 매달리게 한 뒤 물고문을 했다. 혐의사실을 부인하자 200~300와트 밝기의 전구를 눈앞에 켜놓고 전구를 계속해서 쳐다보게 했다. 전구를 계속해서 쳐다보니 정신이 빙빙 돌면서 미칠 것만 같았다. 그리고 밤새도록 추궁을 하면서 이틀 동안 한숨도 못 자게 했다. 25일부터는 담뱃불로 무릎 아래에서 발목 위까지 지져대기, 송곳으로 허벅지 찌르기 같은 고문을 했다. 그러다 수사관들이 전선을 연결시키는 모습을 보고 전기고문을 당하면 정말 죽을 것 같아 모든 것을 시인하겠다고 했다. 그다음 날부터 자필진술서를 매일 오전과 오후에 한 벌씩 써내고 한 자라도 틀리면 사정없이 몽둥이세례를 받았다.

석달윤은 서울지법에 제출한 탄원서에서 중정에서 47일간 조사를 받는 동안 고문 등이 심해 거짓 자백했다고 주장했다. 그는 1980년 10월 6일 서울구치소에 수감되기까지 불법 구금 상태에서 잠 안 재우기, 성기에 볼펜심 쑤셔 넣기 등 갖가지 고문을 당했다고 진술했다.

이밖에도 석달윤은 "중정 조사관 6명(2인 3조)에게 47일간 조사받으면서 그 고통을 이겨내지 못하고 허위자백하였고, 검찰조사 시 중정 진술과 다른 진술을 할 경우 검찰청 15층에 올라가 더 무서운 고문을 받게 될 것이라고 협박을 받았다"고 진술했다. 또 당시 "검사에게 고문에 의한 허위자백이라고 혐의사실을 부인했으나 꾸중만 들었다"고 주장했다.

서울고법에 제출한 항소이유서에서 석달윤은 "(남파간첩이라는) 박양민

조작된 간첩들

을 한 번도 만난 적이 없는데 중정에서 고문으로 인해 허위자백한 것이고, 검찰에서 고문에 의해 허위자백했다고 주장했으나 검사가 일축해버렸다"고 주장했다. 또 "중정에서 모진 고문을 당하다 결국 전기고문까지 하려고 하여 죽을 것만 같은 공포감에 박양민을 한 차례 만났다고 허위자백했는데 이후 8차례나 만난 것으로 되어버렸다"고 진술했다.

상고이유서에서도 그는 고문에 의한 허위자백 주장을 반복하면서, "중정 151호실에서 2주일, 138호실에서 3주일, 153호실에서 2주일 동안 감금되어 고문을 당했고, 다른 피고인보다 10일 늦게 연행되어 47일 동안 조사받았다"고 진술했다.

김정인의 동생 김정수는 "1980년 8월 중순경 김정인과 함께 연행되어 5~6일 동안 중정 수사관 김 아무개, 한 아무개, 김 아무개 등에게 잠 안 재우기, 구타 등의 고문을 당하여 형님인 김정인이 이북에 갔다 왔다고 허위진술했다"고 훗날 진실위에서 주장했다.

박영민의 동창 장제영은 1980년 12월 15일 서울지방법원 2차 공판에서 1980년 8월 당시 "중정에서 56일 동안 조사를 받고 전에 앓던 정신분열증이 도질까 두려워 허위자백을 했다"고 진술했다. 또 1981년 5월 6일 서울고등법원 1차 공판에서 장제영은 당시 "중정에서 56일간 조사받은 후 석달윤 등의 증인이 될 것을 조건으로 석방되었다가 검찰에서 이를 부인하자 재구속되었다"고 진술했다.

빤한 허위자백임에도
중형을 선고한 여상규 판사

1980년 9월 30일 중정은 김정인, 석달윤, 박공심에 대한 구속영장을 발부받아 1980년 10월 6일 서울구치소에 이들을 수감시킨다. 다음 날인 1980년 10월 7일 서울지검에 김정인, 석달윤, 박공심, 장제영, 박두례, 김정수, 한화자에 대해 기소 의견으로 사건을 송치한다. 서울지검은 중정의 의견서를 바탕으로 김정인과 석달윤 등에 대해 1980년 10월 8일부터 17일까지 총 4~5회에 걸쳐 조서를 작성한다.

당시 전주교도소 교도관 구아무개는 훗날 진실위에서 이렇게 진술했다.

1981년 당시 전주교도소 보안과에서 수감자들의 상담과 계호 업무를 주로 담당했는데, 석달윤을 불러 상담을 해보면 의자에 바로 앉지 못하고 엉거주춤한 자세로 의자에 앉아 있어 제가 석달윤에게 왜 그러냐고 물어보면 중정에서 수사를 받으면서 고문을 당하여 허리를 잘 쓰지 못한다고 했으며, 석달윤을 부축하여 약 10여 회 이상 허리 치료를 위해 교도소 내 의무과에 데리고 간 적이 있고, 다른 직원도 수십 차례 석달윤을 부축하여 교도소 내 의무과로 데려간 것으로 알고 있다. 그 당시 분위기상 신분장에 상담 사실을 기재할 수 없었다.

당시 전주교도소 교도관 박아무개 노한 진실위에서 이렇게 진술했다.

조작된 간첩들

석달윤은 전주교도소 입소 당시부터 허리를 잘 쓰지 못해 내가 석달윤을 부축해 교도소 내 의무과로 약 10여 차례 이상 데리고 간 적이 있다. 당시 석달윤에게 왜 허리가 아프냐고 물어보면 중정에서 조사받으면서 고문을 당한 후유증이라고 말했던 것으로 기억하고 있다.

이렇게 고문에 의한 '간첩 자백'이었던 사실이 객관적으로 분명하게 보이는 상황이었음에도 1981년 1월 30일 서울지법에서 열린 1심 재판 결과 판사는 김정인에게 사형, 석달윤에게 무기징역, 박공심에게 징역 1년 6월과 자격정지 1년 6월, 장제영에게 징역 2년과 자격정지 2년을 선고한다. 당시 이런 믿을 수 없는 판결을 내린 판사는 여상규다. 여상규는 지금 자유한국당 국회의원이자 국회 법사위 위원장으로 제2기 진실위 활동 재개에 제동을 걸고 있다.

한편 김정인 등은 위 1심판결에 대해 불복, 항소한다. 그러나 1981년 6월 4일 서울고법은 이들의 항소를 모두 기각한다. 김정인의 이모 박공심은 상소를 포기해 2심판결이 확정되고, 김정인·석달윤·장제영 등은 불복해 상고한다. 그러나 1982년 5월 25일 대법원은 이들의 상고를 기각함으로써 그 판결이 확정된다.

1984년 11월 15일 작성된 2차 재심청구서는 다음과 같이 글을 맺는다. 맞춤법 틀린 절절한 내용의 재심청구서는 읽는 이로 하여금 어이없는 국가폭력에 대해 눈물 섞인 분노를 자아낸다.

아무런 증거도 없는 것을 가지고 채고형까지는 너무나 가하지 않읍니까. 넓으신 마음으로 이 못난 소인을 한번 살려주세요. 판사님 형법에 의한 벌만 주십시요. 판사님….

무고한 주검 위를 흘렀던
시월 마지막 날의 싸늘한 바람

1985년 10월 31일, 찬바람이 싸늘하게 얼굴을 스치는 10월의 마지막 날. 5남매의 가장이자 한화자의 남편인 마흔일곱 어부 김정인은 간첩죄로 형장의 이슬로 사라지고 말았다. 사형집행 전에 자신의 두 눈을 기증했던 터라 김정인의 몸은 붉은 피로 뒤덮인 채 주검이 되어 한화자의 눈앞에 놓여 있었다.

한화자는 당시 싸늘한 주검이 된 남편 김정인에게 입힐 "새 옷을 장만할 돈이 없어 시신을 그대로 묻었다"며 훗날 재심 법정에서 눈물을 쏟았다. 다정한 남편 김정인이 품고 있던 가족사진에는 "하느님, 아이들이 훌륭하게 자라도록 지켜주십시오"라는 기도문이 적혀 있었다. 김정인의 기도 덕분이었는지 한화자는 남편 사후 식모살이, 공장 야근 등 닥치는 대로 막일을 해대며 5남매를 모두 대학까지 보냈다.

한편 석달윤과 장제영에 대해서는 상고를 기각해 그 판결이 확정된다. 여상규 판사에게 무기징역을 선고받은 석달윤은 1998년 8월 15일 17년 반의 감옥살이 끝에 가석방으로 출소하고, 박공심과 장제영은 각각 만기 출소한다. 그러나 김정인, 한화자, 석달윤 등을 중정 지하실에서 무지막지하게 고문 수사한 일부 중정 수사관들은 이들이 사형을 당하고 수십 년 감옥살이를 하는 동안 오히려 국가유공자로 포상을 받고 진급한다.

그로부터 약 8년이 흐른 2006년 1월 20일, 위 사건에 대해 한화자·석달윤·박공심·장제영 등은 진실위에 진실 규명을 신청한다. 그로부터 약 1년 반 후인 2007년 6월 26일 진실위는 이 사건에 대해 '진실 규명 결정'을 하며 "국가는 위법한 확정판결에 대하여 피해자들과 그 유가족의 피해와 명예를 회복시키기 위해 형사소송법이 정한 바에 따라 재심 등 상응한 조치를 취하는 것이 필요하다"고 권고했다.

그리고 2009년 열린 재심에서 한화자·석달윤 등은 사건 발생 29년 만에 무죄를 선고받는다. 이어서 2010년 10월 16일 억울하게 간첩죄를 뒤집어쓰고 고인이 된 김정인은 부인 한화자가 신청한 재심에서 30년 만에 무죄를 선고받는다. 이날 재판부는 판결문에 이례적으로 A4 용지 2장 분량의 '판결을 맺는 말'을 덧붙였다.

법원이 사법부 본연의 역할을 다하지 못해 무고한 생명을 형장의 이슬로 사라지게 한 것은 아닌가 회한을 떨칠 수 없습니다. 본 재판부 법관들은 과거 잘못된 역사가 남긴 가슴 아픈 교훈을 깊이 되새기며, 이 사건과 같은 불행이 되풀이되지 않도록 각오를 새롭게 하겠습니다. 이 판결로 인해 이미 고인이 된 피고인의 넋이나마 조금이라도 위안을 얻기를 진심으로 기원합니다.

우리의 '과거사'는
지금 우리의 '현재'

1980년 당시 죄 없는 어부 김정인에게 사형 판결, 석달윤에게 무기징역 선고 등을 한 여상규는 지금껏 피해자들에게 사죄나 위로의 말 한 마디 하지 않고 있다. 오히려 2018년 1월 SBS 〈그것이 알고싶다〉 프로그램에서 여상규 당시 자유한국당 국회의원은 SBS 제작진이 "1심 판결로 한 분의 삶이 망가졌다. 책임은 느끼지 못하나?"라고 전화로 묻자 뜻밖에 버럭 화를 내며 이렇게 답한다. "웃기고 앉아 있네, 이 양반 정말!" 그리고 여상규는 전화를 확 끊었다.

방송이 나간 후 여상규와 한때 같은 당에 몸담았던 바른정당의 권성주 대변인조차 "1980년대 불법 구금과 고문 속에 무고한 피해자를 만들어냈던 당시 판사(여상규)가 그 책임을 묻는 기자에게 '웃기고 앉아 있네'라며 대화를 끊던 모습은 '안하무인' 그 자체였다. 억울하게 인생을 망친 피해자에게 사과와 위로의 한 마디를 할 수 없는 것인가. 여전히 정신 못 차리는 제1야당"이라며 비판하기도 했다.

김정인 등 피해자들은 1980년 여상규가 판사로 있던 법정에서 장기간의 불법 구금과 가혹행위로 인해 허위자백한 것이며 간첩행위를 한 사실이 없다고 주장했다. 증인들도 중정에서 고문에 의해 허위진술한 것이라고 진술했다.

그러나 여상규는 이러한 고문 피해자들의 호소를 외면하고 중정에서의

여상규 국회 법사위원회 위원장이 국회에서 열린 전체회의에서 안건을 의결하는 모습.

'자백'을 근거로 증거재판주의에 위반해 피해자 김정인에게 사형, 석달윤에게 무기징역 등 중형을 선고한 위법을 저질렀다. 그리고 아직도 피해자들에게 미안해하기는커녕 자유한국당 국회의원으로 막중한 국회 법사위 위원장 노릇을 하고 있으니 피가 거꾸로 솟을 일이 아닌가! 우리 사회에는 '미래를 보고 살아야지 과거에 집착하는 것은 바람직하지 않다'고 비난하는 이들이 있다. 자명한 말이다. 그러나 문제는 우리의 '과거사'가 단순히 과거의 문제가 아니라 현재의 문제라는 데 있다.

지금 2기 진실위 활동 재개를 위한 '과거사법'이 국회 법사위에서 발목 잡혀 있고, 법사위 위원장은 바로 자유한국당의 여상규씨다. 여상규는 또한 지금 '반헌법행위자열전편찬위'에서 '반헌법행위 집중검토대상자'로 지목되어 있는 인사다. 과거 인권침해사건의 가해자들이 많은 자유한국당 입장에서는 아무래도 '과거사법'이 불편한 것인가?

진도가족간첩단사건 사건일지

- 1980년   김정인, 전남 진도군 한 작은 섬마을에서 처 한화자와 어장
  운영.

- 1980년   중앙정보부(이하 중정), 8월 '진도가족간첩단'이라며 남파
  간첩 박영민의 친척인 김정인 가족 강제연행.

- 1980년   중정, 8월 21일~9월 30일 고문으로 허위자백을 받아냄.
  김정인의 외척 석달윤, 1980년 10월 6일까지 47일간 고문조
  사받음.

- 1980년   중정, 9월 30일 김정인 석달윤 김정인 이모 박공심에 대한구
  속영장을 발부해 10월 6일 서울구치소에 수감시킴.

- 1980년   박영민 동창 장제영, 12월 15일 서울지방법원 2차공판.

- 1985년   김정인, 10월 31일 사형 집행.

- 1998년   석달윤, 8월 15일 무기징역 수감 중 가석방.

- 2006년   한화자 석달윤 박공심 장제영, 1월 20일 진실위에 진실 규명
  신청.

- 2009년   재심에서 한화자 석달윤 등 무죄판결.

- 2010년   10월 16일 김정인 무죄판결.

1981

:

농협 직원
박 동 운

"고문이 심해지면 아버지를 만났고
  북한에 다녀왔다 말했다"

1981년 초 국가안전기획부(이하 안기부)는 박동운의 부친 박영준이 한국
전쟁 당시 월북한 후 남파간첩으로 내려왔다는 미확인 첩보를 접한다. 그
러나 박영준은 월북한 것이 아니라 한국전쟁 와중에 실종된 것으로 나중
에 밝혀졌다.

  그런데 1981년 3월 7일 새벽 6시경, 전남 진도의 농협 진도군지부 예
금계장으로 근무하던 박동운의 집에 안기부 요원들이 들이닥친다. 안기
부 요원들은 박동운과 그의 모친을 아무 설명 없이 안기부 남산분실로 연
행해간다. 이틀 후인 3월 9일 박동운의 동생과 숙부가 같은 방식으로 안
기부에 의해 연행된다. 3월 14일엔 그의 고모와 고모부가 끌려간 데 이어
4월 6일엔 마침내 그의 숙모까지 모두 7명이 영장 없이 모두 안기부로 연
행된다.

  2008년 박동운은 진실·화해를위한과거사정리위원회(이하 진실위)에서
당시 안기부에 강제연행 된 뒤 상황들에 대해 이렇게 회상했다.

1981년 3월 7일 연행되어 내내 안기부에 구금되어 있다가 (약 두 달 후인) 5월 8일 서울구치소로 송치되었는데 그때까지 한 번도 귀가 조치되거나 외부인과 면회한 적이 없다. 안기부 수사관들에 의해 연행되면서 영장 제시나 범죄사실의 내용은 전혀 몰랐다. 안기부 조사실에 들어가더니 저의 옷을 벗으라고 하고는 미리 준비해 둔 군복으로 갈아입게 했다. 그러고는 다른 조사실로 옮기더니 북한 평양에서 내려왔던 이 계장을 포함해 수사관 5명이 아무런 이유도 없이 저를 집단 구타했다. 대략 10여 분 간 손과 발로 온몸을 구타당하다가 결국 기절했다.

기절했다가 깨어보니 머리와 등에서 피가 흥건히 배어나왔다. 정신이 드니 이 계장이 저에게 "너의 아버지가 서울구치소에 잡혀 있으니 너의 아버지를 몇 번 만났으며, 간첩질을 어떻게 했는지 똑바로 말하라" 하면서 다시 고문이 시작되었다. 이 계장이 주도해 전기고문, 물고문, 성기고문 등을 하면서 부친 박영준을 만났다는 것과 제가 이북에 다녀왔다는 사실을 자백하라고 했다. 고문이 심해 못 견디면 부친을 만났다, 이북에 다녀왔다는 허위자백을 했다.

그렇게 20여 일 정도 지나서도 제가 계속 허위자백과 부인을 반복하자 이 계장이 나의 옷을 모두 벗기고 파이프에 묶은 뒤 "네가 계속 자백하지 않으면 모친도 이렇게 옷을 벗기고 고문을 하겠다. 너의 처자식도 똑같이 고문을 하겠다"고 협박했고, 계속 시인하지 않자 "너를 뱀굴에 처넣어버리겠다"고 협박해 결국 울면서 허위사실을 자백하고 말았다. 증거품을 찾아내려고 이 계장과 다른 수사관이 저의 정강이에 경찰 곤봉 같은 것을 올려놓고 잘

근잘근 밟았다. 그 고문으로 인해 두세 번 기절했다.

그리고 나면 공의公醫로 보이는 사람이 퉁퉁 부은 저의 정강이 두 곳을 수술용 칼로 찢어서 피고름을 빼내고 심을 박아 상처가 나을 때까지 치료를 했다. 그렇게 약 일주일 정도 치료를 받았다. 그리고 송치되기 며칠 전 저의 상처에 생소고기를 붙여주고 안티푸라민을 온몸에 발라주면서 안마를 해주었다. 그리고 뜨거운 물로 온수 목욕을 시켜주었다. 그렇게 10여 일 정도 하니까 몸에 있던 멍이 모두 없어졌다.

구치소에 송치될 때까지도 저의 정강이에 박혀 있던 심을 빼지 않고 있었다. 구치소에 가자 송치 담당 교도관이 자다가 일어나서 저를 보더니 왜 다리가 저렇게 되었냐고 물어보자, 저를 데려갔던 수사관이 안기부에서 책상 모서리에 부딪혔다며 확인서를 작성해준 것이다. 책상 모서리에 부딪혔다는 것은 거짓말이고 경찰곤봉으로 밟혀서 생긴 것이다.

유서를 두 번 쓸 정도의
모진 고문이 만들어낸 것들

박동운은 1981년 8월 17일 서울지법 1차 공판에서 안기부에서의 진술은 사실과 다르다며 "안기부에서 조사받을 때 세 번이나 기절하고 유서를 두 번 쓸 정도로 고생을 했다. 검찰로 송치되기 전 안기부 수사관이 '검찰에서 이곳과 진술을 일치하게 말하지 않으면 다시 조사받을 것이다'라고 말해 사실과 다르게 검찰에서 진술한 것"이라고 증언했다.

박동운은 또 1981년 9월 7일 서울지법 2차 공판에서도 "검찰로 송치될 때 안기부 수사관이 '재판 시까지 부인할 생각 말라. 만약 부인하면 다시 조사를 하겠다'고 겁을 주었기 때문에 검찰에서도 같은 내용으로 진술한 것"이라고 말했다.

박동운이 진실위에서 밝힌 당시의 검찰조사 과정은 이렇다.

서울구치소로 송치된 후 약 10여 일이 지나자 구치소로 안강민 검사가 서류를 가지고 왔다. 서울구치소 교무과 방에서 안강민이 저를 기다리고 있었다. 처음에는 나를 무척 생각하는 것처럼 말하면서 모든 것을 시인해라. 모두 시인하면 정상을 참작해주겠다고 했다.

그런데 그런 이야기는 구치소로 올 때 이 계장이 저에게 했던 이야기였다. 그래서 제가 검사에게 이 조서의 내용은 모두 고문으로 인해 조작된 것이라고 하자 "이 자식, 안 되겠다"고 하며 처음 보는 안기부 수사관 2명을 불렀다. 자꾸 부인하게 되면 재차 안기부에 끌려가 고문을 받을 것 같은 두려움이 들어 결국 허위사실을 인정하게 되었고, 가지고 온 피의자신문조서에 무인을 하게 된 것이다.

탄원서(1981년 9월 26일)와 항소이유서(1982년 1월 9일)에서도 그는 "안기부 수사관으로부터 모진 고문을 당하고 서울구치소 송치 당시 수사관이 '구치소에 가 있을 동안에도 수사는 계속되며 또다시 불러다가 조사할 수도 있다'고 협박했기 때문에 검찰에서 조사를 받을 때 사실대로 이야기

조작된 간첩들

를 하지 못했다"고 적었다.

1982년 1월 9일자 항소이유서에서 박동운은 당시 상황을 이렇게 적었다.

안기부 수사관은 2년간 재수할 당시 (부친) 박영준을 따라 월북하지 않았느냐며 물고문을 했고, 발에 수갑을 채우고 무릎에 경찰곤봉을 넣어 발로 밟는 등의 고문을 했으며, 담요로 온몸을 감아 몽둥이로 때려 기절을 했다. 또한 "이북에 갔다 온 것을 말하지 않으면 너의 어머니를 데리고 와서 옷을 벗기고 고문을 하겠으며, 네 처를 데리고 와서 고문을 하겠다", "말을 하지 않으면 전기고문을 하겠고 뱀굴에 처넣겠다"는 등의 협박을 했다. 계속되는 고문 속에 유서를 쓰라고 해서 수사관이 불러주는 대로 작성했으며 "수사하다가 한 사람쯤은 죽일 권한도 있으니"라고 하면서 밖으로 끌고 나가 권총으로 사살할 것처럼 위협했다.

이와 관련해 1982년 2월 22일 박동운의 변호인이 서울고법에 제출한 신체감정신청서 내용은 묵살된다. 내용은 이랬다. 첫째 위 피감정인(박동운)의 신체 각 부위에 멍이 든 흔적이나 상해를 입은 사실이 있는지 여부, 둘째 만일 상해 및 멍이 든 흔적이 있다면 각 수상受傷의 부위 그 정도, 셋째 그 각 수상의 원인(고문 및 기타 행위 등에 의한 것인지), 넷째 수상의 발생일 및 그 수상 후의 경과 기일에 대한 내용 등에 대해 조사해줄 것. 법원은 이를 채택하지 않았다.

가족 한 명 한 명이 증언하는
참혹한 고문 현장

박동운은 2006년 11월 1일 국회 법제사법위원회의 대법원 국정감사에 출석해서 다음과 같이 당시 상황을 진술했다.

(그때) 재판에서 저희 가족이 전부 다 부인을 하면서 열렬하게 고문에 의해서 그랬다고 얘기하니까 판사 세 분이 딱 앉아서 하는 말이 "안기부에서 여태까지 한 것을 시인을 다 해놓고 여기에서 부인을 해?" 하면서 서류를 들어서 탁자를 때리기도 하고, 어떨 때는 저희들이 얘기하면 코 고는 소리는 안 났어도 졸기도 했으며, 상처의 흔적을 보여주었으나 판사는 본 체도 안 하고, 그리고 또 상처가 남아 있을 때 고법 때 신체감정신청서를 냈습니다. 그런데 그것도 고법에서 기각하고 받아주지 않았습니다.

박동운의 숙모 한 아무개는 1981년 5월 23일 검찰조사에서 안기부에서의 자백은 "고문에 못 이겨 허위로 자필 진술한 것"이라고 진술했다. 고모 박 아무개도 1981년 9월 21일 서울지법 3차 공판에서 당시 "안기부에서 조사받은 내용은 고문에 못 이겨 없는 사실에 대해 진술서를 세 번 작성한 것이고, 반성문도 안기부에서 써주어 그대로 보고 쓴 것이다"라고 증언했다. 고모 박 아무개는 2008년 진실위에서 당시 상황을 이렇게 회상했다.

조작된 간첩들

(그때) 원하는 대답을 하지 않으면 팬티만 입힌 채 내버려두고 저녁이면 술을 먹고 와서 다짜고짜 주먹과 몽둥이로 때렸으며, 수사관이 원하는 대답을 미리 적어놓고 내가 모른다고 하면 무작정 때렸다.

1981년 9월 3차 공판에서 박동운의 숙모 한 아무개는 "(당시) 고문에 못 이겨 수사관이 써준 것을 보고 베껴 쓴 것이고, 반성문 또한 수사관이 써주어 그대로 베껴 쓴 것"이라고 진술했다. 그는 또 2008년 진실위에서 "(그때 수사관들이) 옷을 벗겨놓고 막대기에 묶어 천장에 매달아놓은 후 물을 코에 부어 기절했다"고 증언했다. 박동운의 고모부 허 아무개는 1981년 5월 29일 검찰조사에서 "안기부에서의 고문에 못 이겨 진술한 것이고 안기부에서 본인이 직접 작성한 반성문 등도 고문에 못 이겨 작성한 것"이라며 범행 사실을 부인했다. 그는 1981년 9월 26일 작성한 탄원서에서는 당시 상황을 이렇게 적었다.

안기부에서 월북했다는 허위진술을 하는 과정에서 성기와 음모에 라이터 불로 고문을 당했고, 유서도 몇 번 작성했으며, 양발을 묶어 공중에 매달고 박영준을 진도에서 만났는가에 대해 물으면서 고문을 해 허위로 박영준을 만났다고 진술했다. 안기부에서 63일간에 걸쳐 조사를 받는 동안 심한 고문을 당하면서 수사관들이 쓰라고 하는 대로 반성문 등도 작성했다.

2008년 진실위에서 고모부 허 아무개는 "(그때) 성기를 세면대 위에 올려놓고 신발짝으로 마구 때려 기절했고 철장에 알몸으로 매달고 라이터 불로 체모를 태웠다"고 진술했다.

박동운의 숙부 박경준은 1981년 6월 1일 검찰조사에서 "남파된 간첩 (형) 박영준을 만나고 지령을 받거나 회합한 뒤 (조카) 박동운, (작은조카) 박 아무개, (형수) 이 아무개 등과 만나 (형) 박영준과 회합한 사실은 안기부에서 고문에 못 이겨 진술한 것"이라고 증언했다.

1981년 9월 7일 서울지법 공판에서 숙부 박경준은 "안기부에서 고문을 받았고 일방적으로 조서가 작성된 것"이라고 진술했다. 또 탄원서 (1981년 9월 26일)와 항소이유서(1982년 1월 7일)에서 숙부 박경준은 "(당시) 온몸을 구타하고 거꾸로 매달아 수십 차례 물고문을 했으며, 무릎 등에 상처가 나고 발이 부어 걸을 수가 없는 등의 고문을 2개월간 받아 도살장의 짐승처럼 삶을 포기하고 싶은 심정이었다"고 적었다.

박동운의 모친 이 아무개는 1981년 8월 17일 서울지법 1차 공판에서 "(남편) 박영준이 월북한 이후 만난 사실, 박영준으로부터 북한 우월성에 대한 선전 교양을 듣고 진도 소재 군인들 초소 위치, 비행장 위치 등의 질문에 대답했다는 부분은 안기부에서 조사받을 때 너무 혼이 나서 허위로 진술한 것"이라고 증언했다.

박동운의 동생은 1981년 8월 17일 서울지법 1차 공판에서 "안기부에서 조사받을 당시 고문을 받아 허위진술했다"고 증언했다. 탄원서(1981년 9월 26일)에서 그는 "잠도 재우지 않고 몽둥이와 주먹 등으로 구타를 당했으며, 옷을 벗겨 거꾸로 매달아놓고 얼굴에 물을 붓는 등의 방법으로 고문

안기부 수사관은 부친 박영준을 따라 월북했었다는 허위자백을 받아내기 위해 극단적인 고문들을 자행했다. 사진은 〈남영동 1985〉의 한 장면.

을 당했다"고 적었다.

피해자들의 몸에 남아 있는
고문의 상흔이 말해주는 것

당시 박동운의 고모 박 아무개, 숙모 한 아무개, 고모부 허 아무개, 숙부 박경준의 상처를 치료했던 진도중앙병원 원장 오 아무개는 2008년 진실위에서 그때를 이렇게 회상했다.

당시 (이분들의) 상황을 보면 첫 번째 아주 피로하게 보이고, 두 번째 몸 전체가 심하게 부어 있었습니다. 세 번째 반점, 까만 점처럼 시커멓게 보이는 멍인데 그걸 보여주더군요. 왜 그러느냐 하니까 거기서 맞았다고 하는 것입니다. 네 번째 "몸 전체가 쑤시고 아프고 관절 이런 데가 아주 죽겠습니다"라고 전신통, 관절통을 호소하더군요. 특히 무릎 쪽이 너무 많이 아프다고 하더라구요.

제가 이게 어떻게 된 것이냐고 물었더니, "안기부에서 너무나 심하게 당했다, 두 달 가까이 갇혀서 막대기로, 몽둥이로 두들겨 맞았다, 물고문도 당했다, 심지어는 옷도 벗겨놓고 때리더라"면서 많이 울더군요. 여자들을 그렇게까지 때리고 했을까 싶었지만, 그런 일을 안 당해본 사람이라면 그렇게 말할 리가 없을 정도로 이야기를 자세히 했던 기억이 나고, 또 몸에 반점, 멍이 그걸 증명하는 것이었습니다. 약은 주로 관절염에 대한 것을 썼습니다.

박동운의 고모부 허 아무개, 이웃 주민 박 아무개는 2008년 진실위에서 이렇게 진술했다.

박경준, 허 아무개가 잡혀가고 나서 2, 3일 후에 안기부 직원들이 집으로 직접 찾아와 조사할 것이 있다며 차에 태워 경찰서로 데리고 갔다. (수사관은) (간첩) 박영준이 왔었는지, 박경준, 허 아무개 등이 박영준을 만났는지 여부 등에 대해서 물었다. 계속 박영준과의 접촉을 부인하자, 수사관이 왜 박영준을 봤으면서 안 봤다고 그러느냐며 손으로 저의 뺨을 때렸다. 그리고 신지어는 구둣발로 저를 차고 밟고 했다. 횟수는 셀 수 없을 정도로 많았다. (나중에) 허 아무개가 집행유예로 나왔을 때 집에서 저에게 자기의 몸을 보여주는데 다리 정강이가 땡땡 부어 있었고, 몸이 구렁이 감은 것처럼 멍 자국이 나 있는 것도 보았다.

다른 이웃 주민 김 아무개는 진실위에서 이렇게 증언했다.

허 아무개는 출소하자마자 보았는데, 제가 "고생 많이 했네"라고 했더니 옷을 벗고 몸을 보여주는데 정말 말이 아니었다. 몸을 뱀이 감고 있듯이 시퍼렇게 멍이 들어 있었고, 제대로 걷지도 못했다. 지금도 당시 허 아무개의 몸에 시퍼렇게 멍이 들어 뱀이 감고 있는 듯이 보인 것이 선명하다.

또 다른 이웃 주민 박 아무개는 진실위에서 이렇게 회상했다.

(박동운의 모친은) 안기부에 다녀오고 나서 조사받은 후유증으로 몸도 아프고, 몸살도 나고 온몸이 골병이 나서 거동을 하지 못했다. 한동안 집안에서 나오질 못하고 방에서 요양만 했다. 병원에도 자주 다녔다.

박동운의 모친 이 아무개는 2008년 진실위에서 "(당시) 지휘봉 같은 막대기를 가지고 저의 손이나 엉덩이, 몸을 때리곤 했다. 한 2~3일간은 잠을 재우지 않으면서 조사를 해서 시간을 알지 못했다"라고 진술했다.

조작된 사실이 산산이 부숴놓은
애끊는 현실

가혹한 고문조사 이후 박동운과 그의 모친, 숙부, 동생, 고모부에 대해서는 국가보안법 등 위반으로 구속영장이 발부되고, 고모와 숙모는 가혹한 고문만 받은 후 석방된다. 박동운은 서울지법에서 범죄사실이 안기부 수사관들의 고문에 의해 조작되었다고 주장했지만 1981년 11월 3일 사형을 선고받는다. 그는 이에 항소해 1982년 3월 6일 서울고법에서 무기징역을 선고받고, 다시 상고했으나 대법원이 기각해 형이 확정된다. 그리고 그의 숙부 7년형, 모친은 4년형, 동생은 3년 6월형, 고모부는 1년형이 확정된다.

그렇게 세월이 흘러 박동운은 18년간 복역 후 53세가 되던 1998년 8월 15일 가석방된다. 보안관찰대상이라는 조건이 붙은 채. 출소하고 나서도 그는 영어의 몸이나 다를 바 없었다. 동네 사람들은 '간첩 지나간다' '빨갱이 지나간다'고 수군거렸다. 그를 더욱 괴롭힌 건 그의 아내와 자녀들마저도 자신을 간첩으로 보는 시선이었다. 결국 그는 아내와 이혼하게 된다. 그가 수감되었을 때 태중에 있던 아들은 18년간 아버지가 어디에 있는지도 모르고 컸다. 아내는 차마 아버지가 간첩죄로 복역 중이라는 말을 자녀들에게 못했던 것이다.

그래서 그는 석방 후에도 3명의 자녀들과 거의 교류할 수 없었다. 2009년 1월 진실위 조사결과 박동운의 부친 박영준은 한국전쟁 때 행방

조작된 간첩들

불명되었으며, 안기부가 박영준을 남파간첩으로 조작한 것으로 밝혀졌다. 진실위는 아래와 같이 박동운사건에 대해 진실 규명 결정을 내렸다.

서울지방검찰청은 박동운이 가혹행위를 당해 허위자백을 했다고 진술하면서 간첩 혐의를 강력하게 부인했음에도 이를 조사하지 않고 안기부 수사내용과 동일한 피의자신문조서를 작성한 뒤 법원에 기소했다. 박동운은 남파간첩을 만나거나 입북한 사실이 없었음에도 수사과정에서의 고문과 가혹행위를 견디지 못해 허위로 자백했고, 수사기관과 법원은 조작된 범죄사실을 사실로 인정해 박동운이 간첩으로 조작되기에 이르렀다.

2009년 11월 박동운은 사건 발생 28년 만에 재심에서 무죄판결을 받는다. 박동운은 2012년 7월 국가를 대상으로 한 손해배상청구 소송 1심에서 승소하고, 배상액의 절반을 가집행으로 받는다. 이어서 손해배상청구 소송을 제기해 2심까지 승소한다. 그의 모친은 요양병원 침상에서 재심 결과를 들었지만 이미 혼수상태에 빠진 뒤였다. 모친은 그 다음 해인 2010년 세상을 떠나기 전 "우리처럼 억울한 사람들 지발(제발) 도와주라"는 유언을 남겼다.

국가배상 청구소송이
3심에서 뒤엎어진 기이한 현실

2013년 12월 12일 어이없는 일이 벌어진다. 박근혜 정권의 대법원 박병대 대법관은 박동운사건에 대해 국가배상 책임을 인정하지 않는다는 파기 환송 판결을 내린다. 그리고 박동운에게 "1심에서 받은 손해배상금을 법정이자와 함께 돌려내라"고 판결한다. 박병대 대법관이 재심 무죄 사건의 손해배상 소송제기 소멸시효를 '형사보상 결정 확정일로부터 6개월'로 못 박는 판결을 내놓은 것이다.

결국 박동운과 그의 가족은 국가배상 청구소송에서 2심까지 승소한 뒤 2014년 대법원에서 패소하는 기이한 일을 당한다. 국가로부터 고문 범죄를 당하고 33년을 기다린 피해자들의 손해배상 청구가 박병대 대법관이 갑자기 만든 기준으로 기각되었던 것이다. 사실 박동운 가족의 손해배상 청구가 늦어진 것도 그 원인은 법원에 있었다. 손해배상 청구를 위해서는 박동운의 부친 박영준에 대한 실종 선고가 필요했는데, 법원은 실종선고 청구를 받아놓고 시간을 1년 넘게 끌었다.

당시 박병대 대법관의 판결은 이후 양승태 사법농단에서 재판 거래의 대상이었다는 사실이 드러났다. 그리고 사법농단의 실체가 드러난 이후인 2018년 8월 박동운은 헌법소원을 청구해 중대한 인권침해 사건에서 소멸시효를 적용할 수 없다는 헌법재판소의 결정을 받아낸다. 그리고 그는 헌재의 결정을 근거로 손해배상에 대한 민사 재심을 시작해서 이윽고

2019년 4월 승소한다.

그러나 문재인 정부의 법무부조차도 그의 가족에게 배상을 할 수 없다는 취지로 대법원에 상고하는 기이한 일이 벌어진다. 다행히 2020년 2월 27일 대법원이 법무부의 상고를 기각한다. 한편 진실위의 권고에도 불구하고 국가는 지금까지 단 한 번도 박동운과 그의 가족 고문 피해자들에게 사과한 적이 없다.

박동운사건 사건일지

1981년   국가안전기획부(이하 안기부), 박동운의 부친 박영준이 남파간첩이라는 첩보 접수.

1981년   안기부, 3월 7일 박동운과 그의 모친을 남산분실로 연행.

1981년   안기부, 3월 9일 박동운의 동생과 숙부 연행.

1981년   안기부, 3월 14일 박동운의 고모와 고모부 연행.

1981년   4월 6일 안기부, 박동운의 숙모 연행.

1981년   8월 17일 서울지법 1차 공판.

1981년   9월 7일 서울지법 2차 공판.

1981년   박동운, 9월 26일 탄원서를 낸 데 이어 1982년 1월 9일 항소이유서 제출.

1981년   박동운, 11월 3일 사형 선고 받은 후 항소해 1982년 3월 6일 무기징역 선고. 상고했으나 대법원이 기각함으로써 형 확정.

1982년   박동운의 변호인, 2월 22일 신체감정신청서에 고문사실 적시.

1998년   박동운, 8월 15일 가석방.

2006년   박동운, 11월 1일 국회 법제사법위원회의 대법원 국정감사에 출석해 당시 상황 진술.

- 2008년 박동운, 진실위에 고문사실 진술.

- 2009년 진실위, 1월 박동운의 부친 박영준은 한국전쟁 때 행불 사실 확인.

- 2009년 박동운, 11월 재심에서 무죄판결.

- 2012년 박동운과 그의 가족, 7월 26일 국가를 대상으로 손해배상청구 소송 제기해 2심까지 승소.

- 2014년 박동운과 그의 가족, 국가배상 청구소송 패소.

- 2018년 박동운, 8월 헌법소원 청구.

- 2019년 박동운, 4월 인권침해 사건에서 소멸시효를 적용할 수 없다는 헌재 결정 받아냄.

- 2020년 대법원, 법무부의 상고 기각.

1981

.
.
.

역사 교사
황 보 윤 식

광주민주화운동 당시 전두환과
미국을 비판한 것이 기화

1981년 7월 12일 대전고등학교 3학년 학생 라 아무개는 대전공업고등기술학교에 다니는 중학교 때 친구 최재열의 소개로 그 학교 역사 교사 황보윤식 집을 방문한다. 이 자리에서 라 아무개는 황보윤식, 박해전, 김창근 등이 광주민주화운동 당시 다수의 시민들이 사망한 사실을 들어 전두환을 비판하고 미국에 대해 비판적으로 발언하는 것을 듣는다. 라 아무개는 이런 사실을 자신의 학교 교련 교사인 이 아무개에게 말하고, 이 아무개가 대전경찰서에 이를 신고한다.

대전경찰서 수사관들은 7월 중순경 황보윤식 등을 차례로 연행해 충남도경 대공분실과 대전경찰서 인근 여관에서 충남도경 대공분실 수사관들의 지원을 받아 조사한다. 한 달 후인 8월 18일 수사관들은 대전지검에 국가보안법 위반 피의사건 발생 및 검거 보고를 한다. 8월 20일 대전지법으로부터 황보윤식, 김창근 등 8명의 구속영장을 발부받아 대전경찰서 유치장에 수감하고 9월 7일 대전지검에 기소 의견으로 송치한다.

대전지법은 11차 공판을 거쳐 1982년 2월 11일 판결을 내린다. 박해전에게 징역 10년 자격정지 10년, 황보윤식에게 징역 7년 자격정지 7년, 정해숙에게 징역 5년 자격정지 5년, 김창근 등에게 징역 3년 자격정지 3년 등을 각각 선고한다. 그리고 당시 고등학생이었던 최재열에 대해서는 벌금 50만원을 선고유예한다.

이 판결에 대해 실형을 선고받은 박해전 등 6명과 검사는 각각 서울고법에 항소한다. 서울고법은 4차례 공판을 거쳐 6월 19일 1심 판결내용 가운데 박해전 등의 반국가단체 구성에 대해서는 무죄를 선고하고 다른 혐의에 대해서만 유죄를 선고한다. 그 결과, 대전고법은 박해전에게 징역 6년 자격정지 6년, 황보윤식에게 징역 4년 자격정지 4년, 정해숙에게 징역 3년 자격정지 3년, 김창근 등에게 징역 1년 6월 자격정지 1년 6월 등을 선고한다.

박해전 등 6명과 검사는 이 판결에 대해 각각 대법원에 상고한다. 대법원은 1982년 9월 28일 박해전 등이 "민중봉기를 유도해 군사 파쇼 정권을 타도할 준비를 하면서 북괴 주장과 같은 노선에 따라 행동할 단체를 만들기로 합의했다"는 이유로 원심을 파기하고 서울고법에 환송한다. 1983년 2월 16일 환송심에서 서울고법은 반국가단체 구성을 유죄로 인정해, 박해전에게 징역 10년 자격정지 10년, 황보윤식에게 징역 7년 자격정지 7년, 정해숙에게 징역 5년 자격정지 5년, 김창근 등에게 징역 1년 6월 자격정지 1년 6월 등을 선고한다. 박해전, 황보윤식, 정해숙, 김창근 4명은 다시 대법원에 상고했으나, 1984년 6월 14일 대법원이 기각함으로써 형이 확정되기에 이른다.

조작된 간첩들

공판·재판 과정에서
피해자들이 진술한 내용들

실형을 받기 전 피해자들은 당시 법정에서 진술했지만 별 소용이 없었다. 1981년 11월 1심 공판과 1982년 5월 6일 서울고법에서 김창근은 이렇게 진술했다.

고통을 피하기 위해서 시인하지 않을 수 없는 상황이었다. 대공분실에서 수사관들이 "다른 사람들은 다 시인한다"며 "왜 부인하느냐"고 하면서 수갑을 채우고 무릎 밑에 곤봉을 넣고 얼굴에 수건을 놓고 그 위에 물을 부었으며 이런 고문을 밤 10시경에 2번 정도 당했다. 1981년 8월 18일 밤 11시경 대공분실에서 대전경찰서로 넘겨져 그곳에서는 검찰이나 법원에서의 신문을 예상해 질문에 대한 답을 작성해놓고 녹음기까지 틀어놓고 반복해 연습시켰다. 검찰에서 조사할 때 경찰관들이 입회했다가 내가 부인하면 검사가 자리를 뜬 사이에 협박해 사실대로 진술할 수 없었다.

1981년 11월 16일 4차 공판에서 박해전은 이렇게 진술했다.

대공분실에서 수사관이 머리를 거꾸로 해 수건으로 코를 막고 물을 다섯 번 가량 붓는 물고문을 했고, 몽둥이로 머리를 때렸으며 유서를 쓰라고 협박했고, 대공분실에서 황보윤식과 정해숙의 비명소리를 들었고, 대전경찰서 유치장으로 넘어온 뒤 수사관들이 그동안 조사한 내용을 목록으로 작성하였고, 목록 그대로 자연스럽게 진술하도록 연습을 시킨 후 진술 내용을 녹음했다. 검사실에서 조사받을 때 수사관들이 있었다.

같은 공판에서 정해숙은 이렇게 진술했다.

대공분실에서 수사관들이 "함석헌, 장준하, 김대중은 용공분자라고 하며 나도 그 사람들과 가까이했으니 마찬가지"라고 말하며 물고문, 구타 등을 했다. 수사관이 검찰로 넘어올 때 말이 다르면 몇 년이 걸릴지 모른다고 했고, 검찰에 조사받으러 갔을 때 담당 수사관이 조사가 끝날 때까지 있었다.

1982년 5월 6일 서울고법에서 황보윤식은 이렇게 진술했다.

대공분실에서 고문에 못 이겨 공소사실과 같은 내용에 대해 시인했고, 구속영장이 발부되어 대전경찰서 유치장에 구금된 뒤 지하 조사실에서 꾸며진 결과를 암기하도록 강요받았으며, 검찰에서 고문한 수사관이 검사실에서 입회했다.

같은 재판에서 이재권은 이렇게 진술했다.

수사관들이 몽둥이로 때리다가 비명을 지르면 입을 틀어믹고 거꾸로 매딜

아람회사건 피해자들은 재심선고 후 국가범죄의 사과와 피해자들의 원상회복을 위해 기자회견을 가졌다.

아놓고 다른 사람의 자술서를 가져와서 시인하라고 했고, 1981년 8월 20일 정식으로 구속된 뒤 경찰서 유치장으로 옮겨진 뒤로는 검찰이나 법정에서 의 신문에 대한 대답을 녹음까지 해가면서 연습시켰고, 고문을 당해 (결국) 당뇨병이 발병했다.

대질 내용을 속이는 고문 수사로
급조된 '아람회' 간첩질

2007년 피해자들은 진실·화해를위한과거사정리위원회(이하 진실위)에 서 당시 상황을 상세히 진술한다. 박해전은 이렇게 진술했다.

1981년 7월 19일 대전경찰서 김 아무개 경사 등에게 연행되어 눈을 가리운 채 지하 조사실에 감금되어 8월 20일 구속영장이 발부될 때까지 32일 동안 불법 구금 상태에서 조사를 받았고 변호인 접견이나 가족들의 면회도 전혀 이루어지지 않았다.

수사관들이 '누구는 이렇게 진술했는데 왜 너는 얘기하지 않느냐'며 고문과 허위진술 강요를 반복했고, 조사 초기에는 이재권의 자술서를 바탕으로 압박했고, 김 아무개가 진술이 마음에 들지 않으면 물푸레나무 몽둥이로 머리를 때렸고, 다른 수사관들로부터 여러 차례 폭행과 4차례의 물고문을 받았고, 김 아무개 경위가 수사관 7, 8명과 함께 들어와 나를 벽으로 몰아붙이고 양쪽 턱을 손가락으로 세게 잡아 누르며 이적단체 구성을 인정하라고 했고, 그 후 다른 수사관들이 합세해 온몸을 사정없이 손과 발로 때렸고, 검찰 송치일에 검사실에서 김 아무개 등 수사관들이 조사가 끝날 때까지 함께 있었다.

    황보윤식은 이렇게 진술했다.

1981년 7월 16일 학교에서 어딘지 모르는 곳의 지하로 붙잡혀 가서 30여 일간 구금된 채 조사를 받았다. 하루에도 여러 차례 다른 사람들의 진술 내용을 요약한 메모지를 가지고 와서 "그 사람들은 이렇게 진술했으니 너도 사실대로 시인하라"고 하고 부인하면 몽둥이 등으로 무수히 구타했고, 머리채를 잡고 '너 뭐뭐 했잖아' 하며 욕조물에 처박았고, 통닭구이를 동반한 물고문을 세 번 받았다.

2009년 5월 27일 국가보안법과 계엄법 등 위반 혐의로 억울하게 중형을 선고받았다가 무죄판결을 받은 '아람회사건'의 피해자와 가족. 광주 북구 운정동 국립 5.18민주묘지에 있는 고 이재권씨의 묘소에서 사법부가 무죄를 선고한 판결문을 읽고 있다.

정해숙은 이렇게 진술했다.

1981년 7월 23일 금산읍 다방에서 연행되어 보문산 인근의 대공분실 조사실에서 30여 일 구금되었다. 수사관이 '아람회'라고 적혀 있는 체계도를 보여주며 자신이 수괴, 황보윤식이 부책, 박해전이 행동책, 이재권은 재정책 등 아니냐며 추궁해, 부인하자 무릎을 꿇게 하고는 오금에 몽둥이를 끼워서 양발로 올라타서 다리를 압박했고, 이외 여러 차례의 폭행과 통닭구이를 동반한 물고문을 한 차례 받았고, 대공분실에서 박해전의 비명소리를 들었다.

　김창근은 이렇게 진술했다.

천안경찰서 남부파출소에서 순경으로 재직하던 1981년 7월 18일 위 파출소에서 천안경찰서 경찰관에게 연행된 뒤 충남도경 사무실을 거쳐 대공분실로 옮겨져 30여 일간 조사받았다. 연행되고 며칠 지나서 천안경찰서 경무과 직원이 찾아와서 사직서를 받아 갔다. 몽둥이 등으로 10여 차례 구타를 당할 때 양쪽 귀 부위를 심하게 맞아 특히 왼쪽 귀가 잘 안 들리고 이명 증상이 생겨 현재 왼쪽 귀의 청력이 40% 정도 상실되는 등 치유되지 않았고, 이외 통닭구이 물고문 두 차례, 오금에 몽둥이를 넣고 발로 누르는 고문 등을 당했다.

　김현칠은 이렇게 진술했다.

전 아무개, 김 아무개, 박 아무개 등이 손과 몽둥이로 3, 4회 집단 폭행했고, 담당 수사관 최 아무개는 밖에 나갔다 들어와서 "누구는 뭐했다고 하는데 왜 너는 얘기 안 했냐"며 숱하게 몽둥이나 손으로 엉덩이와 얼굴을 때렸고, 전 아무개와 박 아무개 등으로부터 통닭구이 물고문을 수회 받았다.

　김닌수는 이렇게 진술했나.

경찰에서 수사기록이 새로 올 때마다 민 아무개, 이 아무개 상사에게 맞았으며 총 10여 차례 한 번에 20여 대씩 몽둥이로 엉덩이를 맞았다.

  김이준은 이렇게 진술했다.

대전경찰서 유치장에서 박해전을 보았을 때 얼굴이 붓고 멍이 들어 있는 등 고문을 당한 것으로 여겨지는 흔적들을 보았다.

  신용은 이렇게 진술했다.

조사실에서 팬티만 입은 채 조사를 받았고, 질문에 대해 부인했다가 따귀를 4, 5대 맞은 적이 있고, 다른 조사실에서 들리는 비명소리에 공포심을 느껴 결국 허위사실을 인정할 수밖에 없었다.

  박경옥은 이렇게 진술했다.

대공분실에서 황보윤식의 비명소리를 들었고, 허위사실을 인정하지 않으면 쌍소리를 하는 수사관이 들어와서 "죽어 나갈 수도 있다"고 협박해 수통리 수련회에서 '아침은 빛나라 동방의 타오르는 별' 등 전혀 모르는 북한 노래를 들었다고 하는 등 수사관의 요구대로 허위자술서를 썼다.

최재열은 이렇게 진술했다.

여관에서의 조사 방향은 황보윤식 등을 간첩 비슷한 사람들로 몰아세우는 것이었고, 질문에 대해 부인하자 머리를 때리거나 "이 자식 혼나봐야 되겠구만" 하더니 물이 들어차 있던 욕조로 들어가게 한 뒤 손들고 앉아 있으라고 하면서 공포 분위기를 조성해 결국 수사관들이 가져오는 다른 사람들의 조사내용에 맞게끔 허위자술서를 썼고, 경찰에서 풀려난 뒤에도 담당 형사가 여러 차례 전화를 걸어 "어디 가려면 연락하고 가야 한다"고 말했다.
집안의 뒷조사까지 해 심하게 불안하고 위축된 상태였기 때문에 검찰에 가서도 황보윤식 선생님이 용공 발언을 했다는 것 등 사실이 아닌 부분에 대해서도 다 인정했으며, 1심 재판을 받는 날 담당 형사에게 전화가 와서 법정에 함께 갔는데 "잘못 얘기하면 재판이 길어지고 또 들어와야 한다"고 부담을 주어서 사실과 다르게 진술하게 되었다.

28년 만에 누명은 벗었지만
여전히 짓밟히는 인권 현실

아람회사건에 대해 진실위는 2007년 아래와 같이 진실 규명 결정을 내린다.

제5공화국 시절 현실 비판적인 문제의식을 갖고 있던 학생, 청년, 교사들에 대해 강제연행·장기구금·고문 등에 의해 자백을 받아 처벌한 사건으로, 대전경찰서는 대전고등학교 학생 라 아무개의 제보를 받고 같은 학교 교련 교사가 전화 신고를 한 것을 계기로 피해자들이 주거지, 식당 등에서 전두환 당시 대통령에 대해 비난하거나 미국에 대해 비판적인 발언을 한 것을 빌미로 수사에 착수해 이들을 불법 연행한 후, 구속영장이 발부될 때까지 약 10일 내지 35일 동안 가족 및 변호인의 접견을 차단한 채 충남도경 대공 분실과 여관 등에 불법감금한 상태에서 고문 등 가혹행위를 가해 허위자백을 받았고, 이 자백을 근거로 해 반국가단체 구성, 찬양고무 등으로 처벌했음이 확인되었다.

이러한 진실위 결정을 바탕으로 피해자들은 국가를 상대로 소송을 진행한다. 그리고 2009년 5월 21일, 아람회사건 피해자들은 28년 만에 억울한 누명을 벗는다. 서울고등법원은 이날 '아람회사건' 재심 판결에서 1981년 계엄법 위반혐의 등으로 기소돼 중형을 선고받고 징역을 살았던 박해전 등 6명에 대해 무죄를 선고한다. 재판부는 그날 판결을 하며 이렇게 입장을 밝혔다.

전두환 신군부 세력이 1979년 말부터 정권의 안정을 기할 목적으로 공포 분위기를 조성하는 등 헌정질서를 파괴했다. 아람회사건은 평범한 일상을 살아가던 피고인들에게 고문, 폭행, 협박 등 불법적 수단을 사용해 친목회를 반국가단체로 조작하고, 구성원들을 좌익용공세력으로 둔갑시킨 것이었다. 신군부의 헌정질서 파괴행위에 맞서 헌법과 민주주의를 수호하려던 피고인들에게 유죄판결한 원심을 파기한다.

당시 재판부는 혹독한 고문에 허위자백을 했다는 피고인들의 호소에도 불구하고 사법부 본연의 역할을 하지 못했다. 오늘의 법관들은 오욕의 역사를 되새기며 선배 법관들을 대신해 억울하게 고초를 당하고 힘든 여생을 살아온 피고인들에게 심심한 사과와 위로의 뜻을 밝힌다.

그러나 공안검사 출신으로 2015년 박근혜 정권에서 법무부 장관을 지낸 당시 황교안 미래통합당 전 대표는 전두환 정권의 대표적인 공안 조작 사건인 아람회사건 피해자들의 국가배상을 가로막았다는 주장이 나왔다. 2020년 3월 30일 아람회사건 피해자들은 다음과 같은 성명을 발표했다.

황교안이 짓밟은 아람회사건 피해자들의 원상회복을 요청합니다. 우리는 전두환 5공 내란반란 정권의 아람회사건 반국가단체 고문 조작 국가범죄 피해자로서 2015년 2월 26일 피고 대한민국, 법률상 대표자 황교안에 의해 침해된 인권의 신속한 원상회복을 문재인 대통령과 최영애 국가인권위원회 위원장에게 요청합니다.

박근혜 정권의 법무부 장관 황교안은 피고 대한민국 법률상 대표자로서 2012년 대선에서 박근혜 대통령 후보 지지 선언을 한 김지하사건 배상과는 전혀 다른 이중 기준을 적용해 문재인 대통령 후보 지지 선언을 한 아람회사건 피해자들의 일실수입 국가배상을 부당하게 가로막은 데 대해 책임을 져야 합니다. 아람회사건 피해자들의 국가배상을 가로막아 또다시 피눈물 나는 고통의 구렁텅이에 몰아넣은 박근혜 정권의 피고 대한민국 법률상 대표자 황교안은 역사의 준엄한 심판을 면치 못할 것입니다.

기독교의 핵심은 '사회정의의 추구'이고 '사회적 약자에 대한 배려심'이라고 나는 확신한다. 그러나 항상 자신을 '독실한 기독교인'이라고 주장하는 황교안의 삶의 행적에서 나는 약자에 대한 배려심이나 사회정의를 추구하는 모습을 전혀 볼 수 없다. 오히려 권력추구형 기회주의자의 전형을 볼 수 있을 뿐이다. 실로 안타깝다.

아람회사건 사건일지

1981년   대전고등학교 3학년 학생 라 아무개, 7월 12일 대전공업고
등기술학교 역사 교사 황보윤식·박해전·김창근 등이 전두
환 정권과 미국에 대해 비판적 발언한 것을 대전고등학교
교련 교사 이 아무개에게 알리자 이 아무개가 대전경찰서
에 신고.

1981년   대전경찰서, 7월 중순 황보윤식 등 연행.

1981년   8월 18일 대전지검에 국가보안법 위반 피의사건 발생과 검
거 보고. 8월 20일 대전지법으로부터 황보윤식 김창근 등
8명의 구속영장 발부받아 대전경찰서 유치장에 수감. 9월
7일 대전지검에 송치.

1982년   2월 11일 11차 공판을 거쳐 박해전에게 징역 10년 자격정지
10년 등 실형 판결.

1982년   박해전 등 6명, 6월 19일 서울고법에 항소. 1심 판결에서 박해
전 등의 반국가단체 구성에 대해서는 무죄 선고를 받았으나
박해전에게 징역 5년에 자격정지 6년 등 실형 선고. 다시 대
법원에 상고.

1982년   대법원, 9월 28일 원심 파기하고 서울고법에 환송.

1983년   서울고법, 2월 16일 환송심에서 반국가단체 구성을 유죄로
인정하고 박해전에게 징역 10년 자격정지 10년 등 실형 선
고. 박해전 등 4명 대법원에 다시 상고.

- 1984년 6월 14일 대법원이 상고를 기각함으로써 형 확정.

- 2007년 피해자들, 진실위의 규명 결정으로 국가를 상대로 소송 진행.

- 2009년 서울고등법원, 5월 21일 박해전 등 6명에 대해 무죄 선고.

1982

:

미법도 어부
정 영

조개 캐던 주민 100명이
납북됐다 풀려난 후 일어난 일

1965년 10월 29일 경기도 강화군 미법도 주민 100여 명이 서해 비무장
지대에서 조개를 캐던 중 북한군 경비정에 의해 나포된다. 이들은 북한에
서 22일간 억류되었다가 귀환, 경찰서에서 조사를 받고 석방되어 다시 일
상을 되찾는다. 그로부터 17년이 지난 1982년 2월 8일 국가안전기획부
(아래 안기부)가 정영, 정진영, 황정임 등 동네 주민 10명을 연행해 다시 조
사한다. 그러나 무혐의 처분으로 이들은 모두 석방된다.

그런데 다시 1년 반이 흐른 1983년 9월 6일 안기부 인천분실은 한국전
쟁 중 월북한 정진구의 동생 정진영과 그의 아내 황정임을 영장 없이 불
법으로 강제연행한다. 이어서 9월 13일 정진영의 7촌인 정영도 영장 없
이 불법으로 강제연행된다. 이들은 모두 구속영장이 발부되는 그해 10월
20일까지 각각 45일, 38일간 불법 구금된다.

정영은 당시 인천지방법원에 제출한 탄원서에서 안기부에 강제연행된
후 38일 동안의 불법 구금 중 받은 가혹한 고문조사에 대해 이렇게 진술
했다.

수사관들이 수시로 발가벗기고 야전침대 다리로 엉덩이를 구타해 엉덩이가 터져 팬티가 물들도록 피를 흘렸으며, 손바닥과 발바닥이 붓고 진물이 흘러 제대로 걷지도 못했고, 잠 안 재우고 벌세우기 등 별의별 고문을 다 당했다. 고문을 견디지 못해 자살하려고 화장실을 가던 중 경찰관을 뿌리치고 옥상으로 올라가다 붙잡혀 그 이후에는 밥도 수갑을 찬 채 개밥 먹듯이 먹었고 소변도 소변 통을 가져다주어 조사실 안에서 해결했다.

정영은 또 2008년 진실·화해를위한과거사정리위원회(이하 진실위)에서 1983년 당시 안기부에서 고문받던 상황을 이렇게 회상했다.

수사관들에게 구타를 당하는 것보다 양팔을 벌리고 한 다리를 든 채 조사실 한쪽에 서 있게 한 후 팔이나 다리를 내리거나 하면 때리는 기합이 가장 힘들었다. 참 많이도 맞았다. 침대 받침목으로 마구잡이로 얻어맞았다. 온몸에서 피가 터져서 엉금엉금 기어 다녔다. 화장실을 가는 사이 옥상으로 뛰어가 자살을 하려 했지만, 짓이겨진 몸뚱이는 내 뜻을 따라주지 못했다. 모진 매질만 더해졌다.
며칠 뒤 아내마저 끌고 와 고문과 회유로 안기부에서 몇 날 밤을 보냈다. 아이들이 걱정이었다. 수사관들에게 "우리 부부가 하루 벌어 하루 먹는 사람인데, 둘 다 들어와 있으면 아이들은 어떻게 사느냐"고 울부짖었다. "제발 집사람만이라도 살려달라"고 애원했다. 며칠 뒤 아내가 석방됐다는 소식이 들려왔다. 나는 안기부 수사관들에게 "고맙디"며 고개를 숙었다.

(검찰에서 조사받았을 때) '검사는 들어주려나', 하소연했지만 소용없었다. 검사는 오히려 내게 "햇빛도 못 보게 하겠다"고 협박을 했다. (법정에서) '판사는 알아주겠지' 했지만 똑같았다. 법정에서 고문에 못 이겨 이런 거라고 악을 썼지만, 경위들에게 질질 끌려나왔다. 국선 변호사들도 "죄를 인정하고 선처를 구하라"고 내 등을 떠밀었다. 나는 이미 간첩이 돼 있었다.

얼굴 구타로 고막이 터지는
고된 고문의 나날

정영의 아내 황문자는 1983년 9월 21일 안기부 인천분실에 불법으로 강제연행되어 8일 동안 조사를 받고 남편의 간청으로 석방되었다. 황문자는 당시 대법원에 제출한 진정서에서 "각목을 무릎 안쪽에 끼우고 꿇어앉게 한 후 손을 들고 있게 했는데 힘들어서 넘어지거나 하면 똑바로 하라고 머리채를 잡고 흔들었다"며 불법 구금 중 받은 가혹한 고문에 대해 적었다.

정영의 동생 정강명은 진실위에서 "(당시) 수사관들이 요구한 대로 대답을 하지 않으면 주먹으로 뺨을 때렸다. 그러다 귀를 맞았는데 고막이 터져 지금까지 귀가 들리지 않는다"라고 진술했다. 정영의 7촌인 정진영의 아내 황정임은 당시 항소이유서에서 "(수사관들이) '독한 년, ××년, 옷을 벗겨라. 거꾸로 매달아라' 등 욕설을 하는데 그것은 겁이 나지 않았으나 주먹으로 얼굴을 구타하는 것은 견딜 수가 없었으며 정신을 잃고 쓰러지기도 했다"라며 안기부 불법 구금 중 받은 가혹한 고문에 대해 기술했다.

정영의 친척 정명영은 진실위에서 "내가 조사를 받을 때 옆방에서 수사관이 악쓰는 소리와 뭔가 부딪히는 소리 등이 들려 나도 겁을 먹었다. 아마 함께 연행된 (친척) 정강명과 정정진 둘 중 한 명이 구타를 당했을 것이다"라고 회상했다. 진실위는 위의 여러 고문사실을 확인하고자 1983년 당시 안기부 인천분실 수사관이었던 김 아무개, 박 아무개 등을 조사하려고 4차례에 걸친 출석요구서를 보낸다. 하지만 이들은 정당한 이유 없이 모든 출석을 거부한다.

2007년 국정원 진실위는 국정원 보존 자료와 수사 및 공판기록을 확인하고 이렇게 조사결과를 발표했다.

정영, 정진영, 황정임의 범죄사실을 입증할 직접적인 증거는 없으며 간첩 혐의를 입증하는 거의 유일한 증거인 당사자 및 참고인들의 진술이 수사기관의 필요와 계획에 맞춰 조작, 구성되었다. 검찰 수사기록을 확인한 결과 검사 작성 수사기록이 문답 없이 안기부 진술조서를 그대로 베껴 쓴 것 같은 의구심이 들게 할 정도로 문구 등이 거의 동일하다.

검사도 국선변호사도
공안정국을 작동시킨 기계부품

정영 부부의 맏딸은 당시 부모가 안기부에 불법으로 끌려간 뒤의 상황을 이렇게 기억했다.

어머니도 잡혀가서 고문을 당했죠. 아버지가 간첩 정진구를 만나 공작금을 받고 집에 숨겨주지 않았느냐며 어머니를 괴롭혔습니다. 그런 일이 없다고 하자 따귀를 때리고 다리에 각목을 끼운 채 무릎을 꿇렸다고 했습니다. 결국 "아이들을 생각하라, 사인만 하면 집에 보내주겠다"는 말에 어머니는 넘어가고 말았습니다. "억울하면 나중에 판사한테 가서 다 얘기하면 된다"는 수사관들의 말을 철석같이 믿은 거죠. 마침내 아버지가 유죄판결을 받자 어머니는 치를 떠셨습니다.

아버지는 어느 날 야근을 한다며 집을 나가신 뒤 돌아오지 않았어요. 며칠 뒤엔 어머니도 사라지셨죠. 부모가 사라진 9일 동안 어린 네 남매가 어떻게 지냈는지 기억이 없습니다. 그 후 집으로 돌아온 어머니가 털어놓은 얘기는 놀라웠어요.

아버지가 납북된 적이 있다는 것을 그때 처음 들었습니다. 아버지가 간첩사건으로 끌려가기 한 해 전에도 열흘 동안 행방불명이 된 적이 있었죠. 그때 아버지는 안기부에 끌려가 고문을 받고 초주검이 돼서 돌아왔고 수사관들이 "납북됐을 때 정진구(북한에 있는 친척)를 만나지 않았냐"고 다그쳤답니다. 수사관들이 그때 아버지를 풀어주면서 "1년 뒤에 보자"고 했다는데 정말 그렇게 된 겁니다.

당시 정영사건의 수사 및 기소 검사는 임내현이었다. 반헌법행위자열전편찬위원회는 정영사건 당시 임내현 검사의 행위를 이렇게 평가했다.

임내현은 인천지검 재직 시절인 1983년 납북어부 (월북자가족) 간첩사건인 정영사건의 수사 및 기소 검사로서 피의자의 인권을 보호하지 못했다. 사건 피해자 정영 등이 수사기관에서 심각한 고문을 받아 사건이 조작되었다고 호소했으나 이를 전면 외면했으며 재판 과정에서 법원과 긴밀히 협력해 비공개 재판을 진행하는 등 검사로서의 인권보호 의무는 준수하지 않았다.

그럼에도 불구하고 임내현 검사는 지난 19대 국회에서 새정치민주연합·국민의당·바른미래당 국회의원이 된다.

한편 정영의 국선변호인은 억울하다는 정영에게 죄를 인정하고 판사의 자비를 빌라고 강권했다. 그리고 법정에서는 "선처를 바랍니다"라는 한마디로 정영에 대한 변론을 끝낸다. 인천지방법원과 서울고등법원을 거쳐 1984년 9월 25일 대법원은 정영은 무기징역, 정진영과 황정임은 징역 3년에 자격정지 3년을 각각 확정한다.

두 아들의 삶까지 망가뜨린
무고한 감옥살이 15년

정영의 딸은 아버지가 1984년 대법원에서 무기징역 선고를 받던 당시를 이렇게 회상했다.

재판받을 때 아버지는 사람을 알아보지 못하고 반쯤 넋이 나가셨다. 그걸

조작된 간첩들

보고 어머니는 아버지가 죄가 없는 게 원망스럽다고 했다. 차라리 정말 간첩질이라도 했더라면 억울함에 정신이 나갈 지경은 안 됐을 거라면서.

아버지가 무기징역을 선고받자 어머니는 화병으로 입에 거품을 물고 쓰러지셨다. 집안 형편은 말이 아니었다. 목재소에 다니던 어머니가 목재소에서 쓰고 버리는 나무껍질을 모아 두면 우리 남매는 리어카에 싣고 왔다. 연탄 대신 땔감으로 쓰기 위해서였다. 한겨울 빙판길에서 나무껍질을 가득 실은 리어카는 종종 말썽을 부렸다. 무게를 이기지 못해 리어카 손잡이가 위로 치켜지면 그걸 끌어내리느라 한참을 고생했다. 언 손으로 길바닥에 쏟아진 나무껍질을 주워 담는 일도 고역이었다. 하지만 무엇보다 가족을 힘들게 한 건 아버지였다.

　정영 가족, 특히 자녀들의 고통은 그가 교도소에 있는 동안에도 계속되었다. 약혼자와 처음 아버지를 면회하고 돌아오던 그의 맏딸은 돌아오는 버스 안에서 하염없이 울었다. 맏딸에게 가장 가슴 아픈 일은 아버지 일로 두 남동생이 맘껏 꿈을 펼치지 못한 것이었다. 정영이 '간첩죄'로 안기부, 교도소, 법원을 들락날락 했을 때 그의 큰아들은 사춘기였고 막내아들은 유년기였다. 부모의 손을 어느 때보다 필요로 하던 두 아들은 방치되어 큰애는 오랜 시간 힘들게 방황하다 제자리로 돌아왔고 막내아이는 보살핌 없는 삭막한 유년기를 보내야 했다. 정영의 아내가 남편 대신 일을 해야 했기 때문이다.

　그 대가는 냉엄했다. 막내아들은 아예 삶의 의욕을 잃었다. 막내아들은 가족에 대한 원망과 아버지 정영의 일로 울분이 쌓여 술만 마시면 사고를 치기 일쑤였고, 결국 술로 몸이 망가졌고 성격이 거칠어 직장생활도 제대로 하지 못했다. 가족들은 정신과 치료를 받아야 하지 않을까, 걱정만 할 뿐 달리 손을 쓸 수 없었다.

이런 지옥 같은 상황에서 정영은 15년을 복역하고 1998년 5월 15일 가석방된다. 정영의 7촌 정진영과 그의 아내 황정임은 3년 만기복역 후 출소한다. 정영은 출소했을 때의 답답한 심정을 이렇게 토로했다. "내가 15년 동안 복역을 했다. 참… 아무 잘못도 없이….'

피해자는 죄인,
가해자는 특진하는 뒤바뀐 현실

하지만 정영과 그 가족의 고통은 정영이 15년간 복역 후 출소 한 뒤에도 끝나지 않았다. 정영은 출소 후에도 사랑하는 두 딸의 결혼식장에 한 번도 참석하지 못했다. 딸들이 '간첩 자식'이라고 손가락질을 받을까봐 두려웠기 때문이었다. 또 정영의 둘째딸은 결혼하기 전 자신이 '간첩죄'로 복역한 것 때문에 파혼당할 뻔했다. 그러나 정영과 그의 아내 그리고 친척들에게 가혹한 고문을 하고 간첩으로 조작한 안기부 수사관들은 보국훈장을 받고 특진한다.

한편 2009년 진실위는 정영사건을 조사하고 이렇게 진실 규명 결정을 내렸다.

조작된 간첩들

안기부 인천분실은 정영, 정진영, 황정임을 영장 없이 연행해 38~45일 동안 불법 구금해 수사했고, 그 사실을 은폐하려고 검찰에 연행일자를 허위로 보고했다. 그리고 정영 등에게 고문 등 가혹행위를 가해 정영으로부터는 1965년 납북되었을 당시 한국전쟁 중에 월북한 정진구에게 포섭되어 간첩행위를 했다는 허위자백을, 정진영·황정임으로부터는 남파된 정진구를 만나 간첩행위를 했다는 허위자백을 받아내어 사건을 조작했다.

이 같은 진실위 결정을 바탕으로 정영 등은 국가를 상대로 재심을 신청한다. 그리고 2010년 7월 8일 서울고법은 간첩 혐의로 1984년 무기징역형이 확정돼 옥살이를 한 정영의 재심에서 사건 발생 26년 만에 무죄를 선고한다. 이날 재판부는 판결문에서 이렇게 입장을 밝혔다.

정씨는 안기부 수사관에게 불법연행된 뒤 각종 고문과 가혹행위를 당해 임의성 없는 자백을 함으로써 진술에 증거 능력이 없다. 권위주의 통치시대에 위법·부당한 공권력의 행사로 16년이라는 긴 세월을 교도소에서 심대한 고통을 입은 정씨에게 국가가 범한 과오에 대해 진정으로 용서를 구한다. 정씨의 가슴 아픈 과거사로부터의 소중한 교훈을 바탕으로 사법부가 국민의 작은 소리에도 귀를 기울여 두 번 다시 그와 같은 비극이 재발하지 않도록 인권의 최후 보루 역할을 다하겠다.

정영은 15년간 억울한 옥살이를 마친 뒤에 형사 재심을 거쳐 결국 무죄판결을 받았다. 이후 그는 '피고 대한민국'의 손해배상을 요구했고 1심과 2심에서 연달아 승소했다.

피해자를 다시 한 번 울리는 '양승태의 6개월 소멸시효'

하지만 기쁨도 잠시였다. 2014년 4월 18일 박근혜 정권 당시 양승태 대법원 2부(주심 김소영 대법관)는 안기부 조작으로 간첩 누명을 썼던 피해자 정영 등이 국가를 상대로 낸 손해배상 청구소송 상고심에서 원고 일부 승소로 판결한 원심을 깨고 사건을 서울고법으로 돌려보낸다. 양승태 대법원은 "재심 무죄판결로부터 6개월 안에 국가배상소송을 제기해야 한다"며 정영 등의 청구를 기각했던 것이다. 양승태 대법원은 다른 과거사 피해자들의 소송에서도 같은 이유로 같은 판결을 냈다. 그러자 정영 등 피해자들은 양승태 대법원의 판결이 잘못됐다며 헌재에 헌법소원심판을 청구한다.

그리고 2018년 8월 헌법재판관들은 6대 3으로 '과거사정리법'에 규정된 민간인 집단희생사건과 중대한 인권침해 조작 의혹 사건에는 국가배상청구권의 소멸시효 시작점을 '불법행위를 한 날', 즉 6개월로 계산하는 민법을 적용하면 안 된다고 결정했다. 헌재는 국가배상을 청구할 수 있는 기간과 관련해 민간인 집단희생 사건은 "관련 위원회의 진실 규명 결정을 안 날로부터 3년 이내", 중대한 인권침해·조작 사건은 "재심 무죄판결 확정을 안 날로부터 3년 이내"라고 결정했다. 이 결정은 국가폭력 사건에 대해 소멸시효 '6개월'을 내세운 양승태 대법원 판결이 잘못됐다는 의미다.

정영 등은 헌재 결정을 근거로 국가배상소송 재심을 시작한다. 그리고 2019년 4월 5일 마침내 서울고법 민사에서 정영 등 국가폭력 피해자들이 승소한다. 이어서 정영 등이 낸 손해배상 청구 소송 상고심에서도 배상청구 소멸시효를 양승태 대법원의 6개월이 아니라 3년이라고 판결했다.

이 소멸시효 3년 판결은 국가폭력 손해배상 재심의 첫 대법원 판결이었다. 하지만 아직도 하급심 법원에서는 국가폭력 피해사건의 손해배상과 관련해 2013년 양승태 대법원 판례인 '6개월 시효'를 인정하는 경향이 많다. 우리나라 법원은 언제쯤 가해자가 아닌 피해자에게 유리한 판결을 내리게 될까.

정영사건 사건일지

- 1965년   정영, 10월 29일 경기도 강화군 미법도 주민 100여 명과 함께 서해 비무장지대에서 조업 중 북한군 경비정에 의해 주민들과 함께 나포되어 22일간 억류되었다가 풀려난 뒤 경찰서 조사를 받고 일상으로 복귀.

- 1982년   안기부, 2월 8일 정영 정진영 황정임 등 동네 주민 10명을 연행했다가 무혐의처분하고 모두 석방.

- 1983년   안기부, 9월 6일 한국전쟁 중 월북한 정진구의 동생 정진영과 그의 아내 황정임을 강제연행해 45일간 구금. 9월 13일 정진영의 7촌 정영을 강제연행해 38일간 구금.
  정영의 아내 황문자, 9월 21일 안기부 인천분실에 강제연행돼 8일간 구금 후 석방.

- 1984년   대법원, 9월 25일 정영 무기징역 등 판결.

- 1998년   정영, 5월 15일 15년 복역 중 가석방.

- 2008년   정영, 진실위에 고문 상황 회상 진술.

- 2009년   진실위 진실 규명 결정.

- 2010년   서울고법, 7월 8일 정영의 재심에서 무죄 선고.

- 2014년   대법원, 4월 18일 정영 등이 국가 상대로 낸 손해배상 청구소송 상고심에서 원고 일부 승소로 판결한 원심을 깨고 사건을 서울고법으로 송치.

2019년   4월 5일 서울고법 민사에서 정영 등 국가폭력 피해자들 승
        소. 국가폭력 손해배상 재심의 소멸시효를 3년으로 정한 첫
        대법원 판결의의미를 가짐.

오징어잡이 어부

윤 질 규

북한 찬양문을 외우게 해
허위자백시키는 고문

1976년 8월 30일 동해상으로 오징어잡이를 나갔다 돌아오던 배가 풍랑으로 표류 중 북한 경비정에 의해 피랍된다. 그 배에 탔던 어부들은 윤질규를 포함 23인. 이들은 그로부터 40여 일이 지난 10월 15일 속초항으로 귀환했고, 곧바로 박정희 정권의 국가기관에서 합동심문을 받는다. 모두 아무런 처벌을 받지 않고 풀려나 다시 생업인 어업에 종사하며 조용한 하루하루를 보냈다.

그리고 7년의 세월이 흘러 1983년이 되었다. 그동안 우리나라 정치사회는 굵직한 사건들이 이어졌다. 박정희는 측근 김재규의 총에 맞아 죽었고 전두환이 쿠데타로 정권을 잡아 대통령이 되었다. 하지만 윤질규는 평소에 정치와는 아무런 상관없는 삶을 살던 터라 그의 삶은 어부로서 아무런 변화가 없었다.

평소와 다름없던 1983년 12월 2일 추운 겨울밤, 잠을 청하고 누워 있던 그의 집에 갑자기 경찰 3명이 들이닥친다. 그들은 어안이 벙벙한 윤질규에게 다짜고짜 수갑을 채운 뒤 거칠게 다루며 그를 경찰서로 연행해 간다.

윤질규는 2010년 진실·화해를위한과거사정리위원회(이하 진실위)에서 당시를 이렇게 진술했다.

그물을 담는 큰 물통에 물을 가득 채우고는 그 물통 앞에 의자를 가져다 두고 앉으라고 하더니 내 머리를 뒤에서 누르면서 담갔다가 빼냈다가를 반복하면서 북한을 찬양하고 군사기밀을 탐지·수집했다고 자백을 하라고 했다. 그러다 보니 물을 엄청나게 먹었다. 그리고 몽둥이로 닥치는 대로 때리더니 어쩔 때는 몽둥이를 오금지(오금)에 끼우고 꿇어앉게 한 다음 위에서 허벅지를 밟았다. 그러면 걷지도 못한다.
또 우동을 시켜주고 국물은 남기라고 하더니 나를 벽 쪽에 데리고 가서 서라고 한 다음 두 명의 형사가 나의 팔을 붙들고 한 명은 얼굴에 가제 수건을 씌운 후 그 위에 우동 국물을 붓기도 했다. 코로 우동 국물이 들어오자 숨을 쉴 수가 없었다. 그리고 잠을 한 번 재우지 않기 시작하면 3~4일 동안 계속 재우지 않았는데 그러면 비몽사몽이 되어 그 사람들이 물으면 무조건 "예"하고 대답을 하게 된다. 조서에 지장만은 찍지 않으려고 버티다가 다시 엄청난 구타와 고문을 당했다. 그래도 간첩이 되지 않으려고 버티었지만 경찰관이 내 손을 끌어다 강제로 지장을 찍었다.

　윤질규가 1976년 납북 귀환 후 국가기관에서 합동심문을 받은 후 1983년 경찰에서 고문조사를 받기까지에 대해 진실위에서 술회한 내용은 이렇다.

　　　　　　　　　　　　　　　　조작된 간첩들

(납북) 귀환 후 합동심문 시 나를 수사한 경찰관들은 "석방되어 밖에 나가면 절대로 북한에 대한 말을 하지 말아라, 만약 북한에 대한 말을 하면 구속시킨다"고 주의를 주었다. 그래서 석방된 후 누구에게도 북한에 대한 이야기를 하지 않았다. 처음에는 친구들이 궁금하다며 북한에 대한 이야기를 해달라고 조르기도 했는데 내가 친구들에게 "북한에 대한 이야기를 하면 어느 기관에서 잡아갈지 모른다"고 말해주었더니 친구들은 더 이상 묻지를 않았다.

그래서 (1983년 강제연행 되었을 때) 경찰관들에게 (1976년 이후) "친구들에게 북한에 대한 말을 한 사실이 없다"고 했다. 그러자 경찰관들은 주먹으로 치고 발로 차기도 했으며 몽둥이로 닥치는 대로 때렸다. 그리고는 내가 친구들에게 북한에 대해 한 말이라며 자기들이 적어온 것을 가져와 그대로 말을 하도록 시키더니 이어서 그것을 외우라고 했다. 외우지 못하면 다시 죽도록 맞았다.

  윤질규는 또 진실위에서 1983년 경찰에서 조사받으면서 1976년 납북 귀환 후 또 다른 납북 귀환 어부 "안 아무개에게 (북한을 찬양하는) 그런 말을 한 사실이 없으나 당시 경찰관들의 구타와 고문을 견디지 못하고 그러한 말을 했다고 허위자백한 것이다. 그리고 안 아무개라는 분은 나보다 먼저 납북되었다가 돌아온 납북 귀환 어부이고 그 사람의 사위는 납북되었다가 귀환하지 않은 사람이다. 안 아무개가 나보다 더 오랫동안 북한에 납북되어 있었는데 내가 뭐 하러 그 사람에게 북한이 좋더라는 말을 하겠는가"라고 진술했다.

친구들에게 도장을 받아
경찰관이 진술서에 날인

윤질규는 자신이 '간첩'이고 '북한을 찬양'했다는 1983년 당시 경찰의 주장은 전부 거짓이라며 진실위에서 이렇게 증언했다.

모두 (당시) 경찰관들이 조작해 거짓말로 자백하도록 해서 만들어낸 것이다. 친한 친구들에게도 북한이 좋다는 말을 하지 않았고, 가족들에게도 북한에 대한 말을 하지 않았는데 (경찰에서 주장하는) 조 아무개에게 내가 왜 그러한 말을 하겠는가. 다 경찰관들의 고문을 견디지 못하고 허위자백한 것이다.

1983년 당시 '윤질규사건'의 경찰 참고인이자 법정 증인이었던 윤 아무개는 진실위에서 당시 자신에 대한 고성경찰서의 참고인 진술조서에 대해 이렇게 회상했다.

지금 이 내용을 읽어보니 내가 기억하는 사실과 다르고, 당시 경찰에서 내가 진술한 내용의 많은 부분이 내가 진술한 것과 좀 다르게 되어 있는 것 같다. 지금 기억은 잘 안 나는데, 경찰관들이 도장을 달라고 해 주었을 뿐이고

조작된 간첩들

경찰관들이 다 도장을 찍었다.

당시 또 다른 경찰 참고인이자 법정 증인이었던 전 아무개는 진실위에서 당시 경찰이 주장했던 이른바 윤질규의 '간첩행위'에 대해 이렇게 부인했다.

1978년경 윤질규와 강 아무개의 벽돌 공장에서 일할 당시 윤질규가 나에게 휴전선 전방의 초소 경비상황을 물어 알려주었다는 것은 사실이 아니다. (윤질규는) 벽돌 공장에서 일한 사실도 없고, 강 아무개라는 이름도 잘 모르는 이름이다. 사실은 그런 사실이 없는데, 당시 경찰에서 그 정도는 별것이 아니라 윤질규에게 해가 되지 않는다고 해서 그렇게 인정하고 법정에서도 그렇게 진술했다. 내가 8번 초소에서 방위병을 한 것은 사실이지만 이에 대해 윤질규가 나에게 해안경비초소의 경비상황을 물은 사실은 없다.

1983년 당시 윤질규의 지인 설 아무개는 사건 당시 경찰의 요청에 의해 자신이 해준 거짓 진술의 내용이 모두 별것이 아니라고 생각했고 자신은 그 후 고향을 떠나 윤질규의 소식을 몰랐는데, (2010년) 진실위의 조사과정에서 그 일(자기의 거짓진술)로 윤질규가 10년의 형을 받았다는 것을 알고 너무 놀랐다고 진술했다.

당시 또 다른 경찰 참고인이자 법정 증인이었던 윤 아무개는 2010년 진실위에서 "(1983년 북한을 찬양하는) 그런 이야기를 하면 뭐 국가보안법 위반으로 잡혀간다는 것을 알았는데 그럴 리가 있었겠는가. 그리고 사실 윤질규가 납북되었다 온 후로는 경찰이 늘 윤질규를 따라붙어서 '뭐 문젯거리가 없나' 하고 호시탐탐 노렸기 때문에 윤질규 본인도 그랬고 우리도 조심했다. 우리도 사실 윤질규와 어울렸다가 혹시 잘못 될까 싶어서 좀 거리를 두었는데, 나는 그래도 같은 종씨고 해서 그나마 친하게 지냈던 것이다"라고 증언했다.

동네 사람들이 다 아는 사실
죄가 된 '군사기밀'

또 당시 윤질규가 탐지했다는 군사기밀들에 대해 그의 지인 윤 아무개와 전 아무개는 진실위에서 "(그때 우리 동네) 레이더 기지는 언덕에 있어 다 보이는 것이고, 지뢰밭에서 사람이 죽기도 했기 때문에 늘 조심하라고들 서로 이야기했으며, 김일성 별장에는 소풍도 가고 하는데 중대가 있는 것이 보인다는 등의 사실은 대부분 특별히 탐지해야 알 수 있는 것이 아니라 드나드는 사람들은 누구나 다 아는 것"이라고 진술했다.

윤질규는 경찰에서 가혹한 고문조사를 받은 뒤 1984년 1월 31일 춘천지방검찰청 속초지청으로 송치된 후 2월 25일 춘천지방검찰청 강릉지청에 의해 간첩 혐의로 춘천지방법원 강릉지원에 공소 제기된다. 그는 진실위에서 당시 검사에게 조사받고 다시 경찰로 끌려와 추가로 고문조사를 받은 상황에 대해 이렇게 회상했다.

납북 어부는 간첩 조작 단골 대상이었다. 사진은 1989년 2월 12일 북한에 억류되었다가 인천항에 귀환한 어선 제37, 38 태양호 어부들.

경찰서에서 조사가 끝난 후 속초지청으로 조사를 받으러 갔다. 검사는 경찰에서 가져온 서류를 보면서 읽어주고는 '사실이냐'고 물었다. 그래서 나는 "경찰에서 고문을 받아 허위로 자백한 것입니다"라고 말했다. 그랬더니 검사는 경찰관에게 서류가 맞지 않다며 가지고 가라고 했다. 그래서 다시 고성경찰서로 돌아왔다. 고성경찰서에 도착하자 경찰관은 "야 이 새끼야, 네가 다 했다고 인정을 했으면서 왜 검사에게 하지 않았다고 하는 거야!"라고 말하면서 주먹으로 뺨을 때리고 발로 닥치는 대로 찼다.

그런 일이 있은 후 며칠 지나지 않아 경찰관이 서류뭉치를 가져오더니 거기에 지장을 찍으라고 했다. 그리고 고성경찰서 유치장에 수감되었다.

이러한 경찰과 검찰의 조사를 거쳐 1984년 10월 17일 서울고등법원 1차 공판에서 윤질규는 당시 자신이 조사받은 과정에 대해 이렇게 진술했다.

경찰에서 조사받을 때 권 아무개 형사로부터 자백을 강요당해 모든 공소사실에 대해 고문에 의해 허위로 자백을 했다. 검찰에 송치된 후에도 고성경찰서에 수감된 상태로 조사를 받았다. 경찰에서 진술한 내용을 검찰에서 번복하면 가족들까지 희생시키겠다고 위협을 해 피고인은 경찰에서 강요하는 대로 검사 앞에서도 허위자백을 했다.

참고로 당시 윤질규의 수사 검사는 춘천지검강릉지청의 최병국이었다. 최병국은 한나라당의 국회의원, 인권위원장, 윤리위원장을 지냈고 그 후 자유한국당의 상임고문을 지냈다. 윤질규는 서울고등법원에 제출한 항소이유서에서도 경찰에서 조사받는 동안 심한 구타와 고문에 의해 허위자백을 했다며 이렇게 적었다.

속초항 출항 당시 통제소에서 제 이름을 윤정달이라고 잘못 기재한 것입니다. 피고인 역시 윤정달이라는 이름을 알고 있지도 못한 것입니다. 다만 납치 당시 북괴들의 조서 서류에서 이름이 윤정달이라고 잘못된 것을 알았습니다. 경찰에서는 이북에서 북괴놈들이 지어준 것이라고 끈질기고 심한 고문에 못 이겨 시인하고 말았습니다. 경찰에서는 무조건 고문과 구타를 하기 때문에 시인했습니다.

형사들이 "검사님한테 가서 부인하면 법원에서 고문을 한다"면서 "부인하지 말고 시인하라"고 했습니다. 만약에 부인하면 대북공작을 벌일 것이라면서 혼자 당하지 집안까지 못 살게 할 필요가 없다고, 대북공작을 하면 아예 세상구경을 못한다고 협박까지 하면서 항소를 포기하고 강릉에서 형을 살면 경찰에서 빨리 나오게 힘을 써주겠다고….

이렇게 가혹한 고문조사를 거친 후 윤질규는 1984년 5월 31일 춘천지방법원 강릉지원에서 국가보안법 위반(간첩 등) 및 반공법 위반 혐의에 대해 징역 10년, 자격정지 10년형을 선고받는다.

> 그리고 피해자도 가해자도
> 아무 말이 없다

1984년 7월 18일 1심 판결만 끝난 상황에서 치안본부는 윤질규를 언론에 고정간첩이라고 발표한다. 치안본부는 윤질규가 45일간 북에 납북되어 원산 장덕산초대소에서 북한 지도원으로부터 간첩교육을 받고 지령에 따라 전방 지역의 군사기밀을 탐지·수집했다는 것이다. 당시 신문에 윤질규의 사진과 실명이 그대로 보도되기도 했다.

윤질규는 항소한다. 하지만 1984년 11월 14일 서울고등법원은 윤질규의 항소를 기각한다. 그리고 다음 해인 1985년 2월 26일 대법원도 윤질규의 상고를 기각해 10년형이 확정된다. 윤질규는 형에 따라 복역하던 중 1991년 5월 25일 7년 만에 가석방된다. 윤질규사건을 조사한 진실위는 2010년 사건 발생 27년 만에 이 사건에 대해 아래와 같이 진실 규명 결정을 내렸다.

이 사건은 고성경찰서 정보과 형사들이 진실 규명 대상자 윤질규를 영장 없이 연행해 구금하고 고문, 가혹행위를 가하는 등 불법적으로 수사하고, 이후 윤질규가 장기간 징역형을 선고받은 사건이다. 고성경찰서 정보과 수사관들이 진실 규명 대상자 윤질규를 54일간 불법 구금한 상태에서 고문·가혹행위를 가하며 허위자백을 강요한 사실이 인정되므로 이는 형법 제125조의 폭행, 가혹행위죄에 해당되어 재심사유가 된다.

간첩이란 누명을 쓰고 평생을 살아온 윤질규는 진실위 진실 규명 결정을 근거로 곧 법원에 재심을 신청한다. 하지만 재심 신청을 하고 3개월 만인 2011년 3월 그는 한 많은 일생을 마친다. 윤질규가 운명하고 1년 반이 지난 2012년 11월 21일 서울고법 춘천 형사1부는 마침내 고인이 된 윤질규에 대한 재심에서 무죄를 선고한 원심을 유지하는 판결을 내린다. 20대의 나이에 간첩으로 몰려 가혹한 고문 끝에 억울하게 7년 동안 옥살이를 했던 납북어부가 29년 만에 열린 재심에서 무죄를 선고받은 것이다.
이날 재판부는 "윤씨가 수사관들에 의해 임의동행 형식으로 연행돼 구속영장이 발부되기 전까지 53일간 영장 없이 불법 구금된 상태에서 조사를 받았고 조사 도중 가혹행위가 있어 스스로 자백한 것으로 볼 수 없고, 일부 진술만으로 범죄사실을 증명하기 부족하고 이를 뒷받침할 증거가 없어 무죄를 선고한 원심은 타당하다"고 판결했다.

이로써 고인이 된 윤질규의 억울함은 29년 만에 풀렸다. 하지만 당사자는 그 결정적인 순간을 이승에서 함께하지 못했다. 그리고 원통하게 죽은 그는 오늘도 말이 없다. 순박한 한 젊은 20대 어부에게 가혹한 고문을 자행해 간첩으로 조작하고 인생을 망친 당시의 경찰, 검사, 판사들도 역시 아무 말이 없다.

윤질규사건 사건일지

- 1976년   윤질규, 8월 30일 오징어잡이 나갔다 풍랑으로 표류해 북한 경비정에 의해 강제 피랍. 40여 일 후 다른 선원 22명과 속초항으로 귀환. 합동 심문받고 풀려나 일상 복귀.

- 1983년   윤질규, 12월 2일 경찰서로 강제연행.

- 1984년   춘천지방법원 강릉지원, 5월 31일 윤질규에 대해 국가보안법 위반 및 반공법 위반 혐의로 징역 10년 자격정지 10년형 선고.

- 1984년   치안본부, 7월 18일 1심 판결 상황에서 윤질규를 고정간첩이라고 언론에 발표.

- 1984년   윤질규, 11월 4일 서울고등법원에 항소했으나 기각.

- 1985년   대법원, 2월 26일 윤질규의 상고를 기각해 10년형 확정.

- 1991년   윤질규, 5월 25일 복역 중 7년 만에 가석방.

- 2010년   진실위, 윤질규사건 조사한 후 진실 규명.

- 2011년   윤질규, 3월 재심 신청한 지 3개월 만에 사망.

- 2012년   서울고법 춘천 형사1부, 11월 21일 윤질규에 대한 재심에서 무죄 선고.

1983

⋮

소매유통업 사업가
오 주 석

출장길에 재일동포 친척과
회포 푼 후 생긴 일

일본에서는 공산당이나 사회당이 합법화되어 있다. 공산당원이나 사회당원도 아무 제약 없이 국회의원으로 활동하고 있으며 공산주의 관련 문헌들도 손쉽게 서점에서 구할 수 있다. 재일동포들 사회에서는 민단, 조총련 할 것 없이 좌우 이념과 무관하게 교류하며 산다. 부모형제는 물론 친척, 친구, 지인들끼리 자유롭게 왕래할 뿐 아니라 명절이나 생일이나 집안에 혼사 등이 있을 때는 자유롭게 선물이나 금전 등을 주고받는다.

우리나라 정권은 그런 일본의 사정에 이중적인 입장이다. 박정희·전두환 정권에서는 재일동포가 모국을 방문하거나 우리 국민이 일본에 사는 재일동포 친척 등을 방문해 선물, 금전이나 소식 등을 주고받고 교류하는 것은 아주 '바람직한'일이었다. 주요 선거 때나 공안 정국을 조성할 필요가 있을 때 수시로 '대형 간첩사건'을 만들 수 있는 '황금어장'이 바로 재일동포나 일본을 방문한 국민들이었기 때문이다. 일본에 사는 삼촌을 오랜만에 방문해 용돈을 받고 귀국하면 공안기관은 고문 끝에 그 용돈을 '공작금'으로 둔갑시켰다. 재일동포 친지와 반갑게 만나 서로 근황이나 소식을 주고받은 후 귀국하면 정보기관은 그를 잡아다가 고문 후 '국가기밀'을 누설한 '고정간첩 일망타진'으로 언론에 내보냈다.

잘나가던 사업가 오주석 씨가 불현듯 인생 파탄을 맞은 것도 1980년 일본을 한 번 방문해 재일동포 친지를 만나고 와서의 일이다. 남부럽지 않게 살던 그의 삶에 도대체 무슨 일이 일어났던 것일까?

오주석은 1953년부터 1961년까지 강원도 경찰국 경사로 근무했다. 그후 경찰에서 퇴직하고 춘천 중앙시장에서 소매유통업을 하며 학교육성회 임원, 라이온스클럽 회원 등 지역 유지로 활동했다. 춘천시 소재 (주)새시대체인의 영업이사 재직 시절 그는 1980년 5월 8일부터 5일 25일까지 일본 (주)가스미스토아 초청으로 일본을 방문하게 된다. 한국슈퍼체인협회 주관으로 열리는 행사에 참여해 일본 유통업계를 시찰하고 연수하기 위해서였다.

당시는 해외여행이 자유롭지 않던 시절이었다. 그래서 그의 일본 출장 길에 친척인 김성규, 송 아무개, 김 아무개 등도 동행했다. 일본에 출장 가는 김에 오랜만에 재일동포 친척들을 만나 밥 한 끼하며 술 한잔 나누고 싶었기 때문이었다. 그렇게 이들은 오랜만에 만난 친척들끼리 회포를 풀고 귀국했다.

그로부터 약 3년 후인 1983년 3월 11일 춘천시에 있는 오주석의 집으로 건장한 남자들이 거칠게 들이닥쳤다. 그들은 어리둥절해하는 오주석에게 아무 설명도 없이 다짜고짜 그의 팔을 붙잡고는 질질 끌어 검은색 차 안으로 밀어넣었다. 공포에 떠는 그를 아랑곳하지 않고 차는 어둠을 뚫고 몇 시간을 달렸다.

60여 일간의 가혹한 고문 끝에
제시된 진술서 필사

그는 나중에야 자신이 끌려간 곳이 그 무서운 국가안전기획부(이하 안기부) 남산분실이라는 것을 알게 되었다. 안기부 지하실에서 오주석은 약 60여 일간 불법감금된 채 가혹한 고문조사를 받는다. 안기부는 왜, 어느 날 갑자기, 그를 강제연행해 잔인하게 고문한 것일까?

　1983년 10월 18일 서울지방법원 5차 공판에서 오주석은 당시 상황에 대해 이렇게 증언했다.

1983년 3월 11일 연행되어 10일간 수사관으로부터 침대봉으로 무수히 구타당하면서 (지난 1980년 일본 방문 때 재일동포) "안 아무개로부터 간첩 지령을 받았다고 자백하라"고 강요받았다. "단순한 친척 상봉에 불과하다"고 간첩 지령 자백을 완강히 거부, 부인했더니 비눗물을 코에 붓는 등 고문을 당했다.

5월 초쯤 진술서 초안을 내놓고 베끼라고 해서 이를 베끼는 중 간첩 구절을 고쳐 쓰니 고문을 다시 가해 수사관의 작성 초안 그대로 작성했다. 간첩이 아니라고 극구 주장하고 수사관이 마음대로 작성한 피의자신문조서에 날인을 거부했더니 수사관들이 삥 둘러싸고 위협하면서 전신을 묶고 "비눗물을 또 붓겠다"고 해 어쩔 수 없이 날인을 했다.

구치소에서 검사가 신문을 할 때 (일본 출장 중에) 친척을 찾아간 것이지 간첩 활동이나 포섭당한 사실이 없음을 털어놓고 공정하게 수사해 억울함을 없애달라고 탄원했다. 하지만 도리어 안기부 수사관이 구치소로 5~6차례 찾아와 "검사 조서대로 시인하지 않으면 다시 안기부로 가서 고문하고 교통사고로 사망한 것처럼 처리할 것"이라며 위협했다.

2007년 진실·화해를위한과거사정리위원회(이하 진실위)에서 오주석은 1983년 당시 상황에 대해 이렇게 진술했다.

연행 후에 안기부 수사관들이 며칠 동안 잠을 재우지 않고 자술서를 쓰라고 강요해서 외울 정도로 작성을 많이 했다. (잠을 못 잔 탓에) 졸려고 하면 옷을 모두 벗게 하고 벌을 서게 했다. 주 심문관이 "안 아무개가 너를 포섭하지 않았냐"는 질문에 "아니"라고 대답하자 옷을 벗으라고 하더니 '엎드려뻗쳐'를 시킨 후에 군용 침대 각목으로 구타를 했다.

간첩을 했다는 진술이 사실이 아니어서 "진술을 바꾸겠다"고 하자 안기부 수사관이 손과 발에 몽둥이를 끼워 책상 사이에 매다는 통닭구이 고문을 하고 얼굴에 수건을 덮고 물을 붓는 물고문을 했다. 멀쩡한 사람들 잡아다가 하루이틀도 아니고 60일간 감금시켜놓고 면회도 안 시키고 전부 조작했다. 그런 나라가 어디 있나. 자기 국민을 간첩으로 만드는 나라가 어디 있나. 이해를 못 하겠다.

조작된 간첩들

안기부 남산분실로 향하는 터널. 수많은 국가폭력 피해자들이 이 터널을 지났을 것이다.

오주석의 친척 김성규는 1983년 10월 18일 서울지방법원 1차 공판에서 당시 상황을 이렇게 진술했다.

1983년 3월 10일 회사에서 안기부로 연행되어 굵은 각목으로 구타당해 정신을 잃었다. 깨어나면 각목을 무릎에 끼어 꿇어앉게 한 뒤 위에서 힘껏 내리밟는 고문을 했다. 또 협박을 받아 수사관들이 작성한 조서를 베껴 쓸 수밖에 없었다.

2007년 진실위에서 김성규는 당시 안기부에서 고문받던 상황을 이렇게 회상했다.

소매유통업 사업가 오주석

수사관들이 "안 아무개를 조총련인지 알고 만나지 않았느냐"고 계속 물어 봐 부인했다. 그러자 야전침대 각목으로 구타하고 그 각목을 무릎 뒤쪽에 끼우고 허벅지를 밟았다. 잠을 계속 안 재워서 너무 괴로워 수사관들이 원하는 대로 진술서를 수십 번 써주었다. "사형을 시켜버리겠다", "가족들도 조사하겠다"는 협박을 당해서 수사관이 불러주는 대로 진술서를 그대로 베껴 썼다. 또 검찰에서 조사받은 당시 안기부 수사관이 입회해 겁이 났다.

아내도 고문하겠다는 협박에
시키는 대로 유서 작성

오주석의 친척 송 아무개는 진실위에서 당시 상황을 이렇게 진술했다.

1983년 3월 9일 안기부로 연행되었다. 수사관들이 "네 아내도 끌려와 옆 방에서 옷 다 벗고 수모를 당하니 빨리 자백하라"고 협박하며 유서를 쓰라고 해서 어쩔 수 없이 유서를 작성했다. 그리고 수건을 얼굴에 덮고 물을 붓기, 책상 사이에 올려놓고 뺑뺑 돌리기 등의 고문을 당했다. 무릎 사이에 각목을 넣고 비틀고 머리를 책상에 짓찧는 등 이루 말로 표현할 수 없는 고문을 당했다. 물고문, 통닭구이 고문, 구타로 인해 하혈(항문에 피가 고이고 변을 볼 때 핏덩어리가 나옴)을 수차례 당했고 그로 인해 빈혈로 여러 차례 쓰러졌다.
검찰조사 시 검사에게 억울하다고 했다. 그러자 서기가 안기부 서류만 보고 피의자신문조서를 작성해서 서명, 무인을 하라고 했다. 그래서 거절했더니 검사와 서기는 나가고 안기부 수사관들이 들어와 말 못 할 고문을 당해 실신했는데, 깨어보니 손가락에 인주가 묻어 있었다. 그래서 너무나 억울해 법정에서 조서에 서명, 무인한 적이 없다고 말했다.

한글을 잘 읽지도 쓰지도 못했던 오주석의 친척 재일교포 김 아무개는 1983년 안기부에 연행된 후 상황을 진실위에서 이렇게 회상했다.

알지도 못하는 이야기를 물어봐서 답을 잘 못하니까 때렸다. 뭘 쓰라고 했는데 한글을 잘 몰라 쓰지 못하니까 수사관이 구두를 벗어서 때렸다. 그 이후로는 뭐 쓴 기억은 없다. 구두로 맞은 기억이 많은데 구둣발에 맞아 기절을 해서 깨어보니 병원에 입원해 있었다.

당시 오주석의 친척 송 아무개와 함께 재소자였던 윤 아무개는 1984년 2월 7일 서울고등법원 2차 공판에서 당시 상황에 대해 이렇게 증언했다.

복역 중에 송 아무개를 알게 되었는데 수사기관에서 맞아서 몸이 안 좋다고 송 아무개가 말하는 것을 들었다. 처음 며칠 동안 그는 일어나지도 못하고 모든 거동을 할 수 없었으며 그가 대소변 보러 가는 것도 못 보았다.

오주석의 처조카인 이 아무개는 진실위에서 당시 오주석을 교도소에서 면회할 때 그로부터 이런 이야기를 들었다고 했다.

수사관들이 잠도 못 자게 하고 무지하게 때려서 괴로움에 벽에 머리를 부딪쳐 죽고 싶었다. 검찰조사 때도 안기부 수사관이 찾아와 협박하고 괴롭혔다.

　　오주석의 친척 김 아무개의 주치의였던 나 아무개는 2007년 진실위에서 이렇게 진술했다.

안기부 수사관들이 간첩 혐의가 있다는 김 아무개를 응급실로 데려와 진찰 및 입원을 시켰는데 당시 김 아무개는 혀의 강직과 사지마비의 전환장애 증상이 보였다. 그래서 나는 김 아무개가 간첩 혐의로 조사받아 스트레스가 상당해서 나타날 수 있는 증상으로 판단했다. 그래서 나는 "치료상 김 아무개와 심층 인터뷰가 필요하다"고 했다. 그런데 위에서 "너무 깊숙이 인터뷰하지 말라"는 지시가 있었다. 그래서 당시 소견서에는 "고혈압이나 대발성치핵이 있는 걸로 보아 다른 과 검진도 필요하다"라고 적었다.

　　진실위가 확인한 당시 공판기록에 첨부된 김 아무개 주치의 소견서는 이렇게 기록되어 있었다.

1983년 4월 5일, 4월 6일 2회에 걸쳐 본원(중앙대학교 의과대학 부속 성심병원) 응급실에 내원해 치료한 후 1983년 4월 6일 본원 신경성신과에 입원함.

　　　　　　　　　　　　　　　　　　　　　　조작된 간첩들

2018년 당시 오주석 씨.

입원 당시 불안, 불면증, 식욕부진, 흉부 압박감, 심계항전, 두통, 현기증, 시력 감퇴, 항문 출혈 및 혀의 강직과 사지마비 증상으로 본태성 고혈압, 다발성치핵, 전환장애의 임상진단하에 치료한 후 1983년 5월 4일 퇴원함.

1983년 5월 16일 오주석 등은 서울지방검찰청에 송치되어 조사를 받는다. 이들은 국가보안법 제2조(간첩 또는 간첩방조), 형법98조 제1항(간첩), 국가보안법 제4조 제1항2호(간첩) 등 위반죄로 기소된다.

1983년 11월 1일 오주석은 서울지법에서 징역 10년, 자격정지 10년을 선고받고 항소한다. 이어 1984년 3월 6일 서울고법에서 오주석은 징역 7년, 자격정지 7년을 선고받고 상고한다. 그러나 1984년 6월 26일 대법원에서 그의 상고가 기각되어 형이 확정된다. 결국 오주석은 5년 5개월을 복역한 후 1989년 가석방된다.

오주석 사건을 조사한 진실위는 2008년 이렇게 진실 규명을 내렸다.

안기부는 피해자(오주석)를 비롯한 피의자들을 영장 없이 불법연행한 후 수십 일에서 60일까지 장기간 불법 구금한 상태에서 고문 및 가혹행위를 통해 피의자들의 허위자백을 받아내고, 보강 증거를 날조하는 등 위법한 수사를 거듭했고, 검찰 수사과정에서도 안기부가 찾아가 협박을 계속해 간첩사건으로 조작해 처벌받도록 한 비인도적·반인권적 사건이다.

진실위 결정을 근거로 오주석 등은 국가를 상대로 재심을 신청한다. 2010년 6월 26일 법원은 오주석 등 4명에게 사건 발생 27년 만에 누명을 벗겨주는 판결을 내린다. 이날 재판부는 "당시 오씨 등의 자백은 수사기관의 불법 연행과 장기간의 구금, 가혹행위 등에 의한 것으로 혐의를 입증할 증거능력이 없다"고 밝혔다.

오주석은 재심에서 무죄판결 후 국가를 상대로 손해배상 소송을 한다. 그리고 1, 2심에서 국가가 그에게 손해배상을 해야 한다는 판결을 받는다. 하지만 2013년 박근혜 정권의 양승태 대법원의 판결은 달랐다. 소멸시효가 지났다는 이유로 양승태 대법원은 오주석 등의 손해배상 청구를 거부한 것이다. 게다가 이미 가집행한 손해배상금을 고율의 법정이자와 함께 '반환하라'고 판결한다.

오주석은 민사 재심을 신청하고 하루하루 피가 마르게 사법부의 답변을 간절히 기다리고 있다.

오주석사건 사건일지

1980년   오주석, 일본 출장길에 재일동포 친지 방문.

1983년   오주석, 3월 11일 안기부 남산분실로 연행되어 약 60여 일간
            감금된 채 고문조사를 받음.

1983년   10월 18일 서울지방법원 1차 공판.

1984년   2월 7일 서울고등법원 2차 공판.

1983년   서울지법, 11월 1일 오주석에게 징역 10년 자격정지 10년
            선고.

1984년   서울고법, 3월 6일 재심에서 오주석에게 징역 7년 자격정지
            7년 선고.

1984년   대법원, 6월 26일 상고가 기각되어 형 확정.

1989년   오주석, 5년 5개월 복역 중 가석방.

2008년   진실위, 오주석사건을 조사한 후 진실 규명.

2010년   6월 26일 재심에서 오주석 등 4명 무죄판결. 이후 국가 상대
            손해배상 소송 진행해 1, 2심에서 승소.

2013년   대법원, 소멸시효를 들어 오주석 등의 손해배상 청구 거부.
            가집행한 손해배상금을 고유의 법정이자와 함께 반환하라
            고 판결. 현재 민사 재심을 신청 진행 중.

1983
.
.
.

재일교포 통역가
김 병 진

'조선징'에 '반쪽바리',
이제는 '북한 간첩'

재일동포 3세인 김병진은 1980년 3월 연세대학교 국문학과로 유학을 온다. 사건의 그 1983년, 연세대 대학원에 재학 중이던 그는 삼성종합연수원에서 일본어 강사로 일하면서 서울에서 결혼한 아내와 태어난 지 두 달된 아들과 함께 살고 있었다. 1983년 7월 9일 오후 2시경 서울 신림동 집 앞에서 국군보안사령부(이하 보안사, 현 군사안보지원사령부) 수사관 4명에 의해 강제로 보안사 서빙고분실로 연행된다. 그의 아내 강 아무개의 훗날 진실·화해를위한과거사정리위원회(이하 진실위) 진술에 따르면, 남편 김병진이 잡혀간 다음 날 아침부터 일주일간 수사관들이 집에 찾아와 머물며 자신을 감시했다고 한다.

그날부터 여 수사관들이 함께 동거하며 전화가 오면 감시하고, 시장에 가거나 (하면) 따라오면서 감시하는 등 완전히 감금되어 감시받는 상황이 되었습니다. 수사관들이 종이 쇼핑백을 놔두고 갔길래 내가 기분이 너무 나빠발로 차고 나서 신발장 안에 처박아 두었습니다. 나중에 보니까 그게 도청

장치였다는 것을 알게 되었습니다.

  서빙고분실에서 몇 개월 동안의 협박과 가혹한 고문 끝에 보안사에서 미리 그려놓은 기획안 대로 김병진은 '북한 간첩'이 된다. 일본에선 '조센 징'으로 차별받고 서러운 삶을 살다가 반가운 마음으로 찾아온 모국에서 는 오히려 그를 '반쪽바리'로 멸시하고, 그것도 모자라 결국 간첩으로 몰아간 것이다. 김병진은 체포 당시 민간인 신분의 재일동포 모국 유학생이었다. 보안사는 민간인에 대한 수사권이 없음에도 군 형법이 아니라 국가보안법, 반공법, 형법 등의 조항을 적용해 검찰에 불구속 송치했다. 그러니까 위법하게 민간인을 구금해 수사한 셈이다.

재일동포 간첩조작 위해
'보안사 통역요원'으로

김병진은 당시 보안사에 연행돼 가혹행위를 당하던 무렵 한 수사관으로 부터 이런 말을 듣는다. "이 나라의 재판은 형식적이야. 우리가 간첩이라 고 하면 간첩이지." 그는 당시 받은 가혹한 고문을 훗날 진실위에서 이렇 게 진술했다.

(보안사 수사관들이) 나를 세운 상태에서 (수사2계장인) 김용성이가 양팔을 잡 고 길이 150cm 정도, 굵기가 지름 10cm 이상 되는 나무 몽둥이로 엉덩이,

1980년대 보안사 근무 당시 김병진 씨 가족.

등, 허벅지 등 전신을 수십 차례 때리고, "너 이 새끼 죽여버리겠다", "니 마누라를 윤락녀로 만들고 니 자식은 애비도 모르게 만들어 고아원에 보내버리겠다"고 협박했다.

그리고 '엘리베이터실'로 끌고 갔다. 엘리베이터실은 가로세로 4m, 3m 되는 방이었는데, 이용실에 있는 의자 같은 게 있었고 주위 바닥에는 수갑과 휴지통 등이 흩어져 있었다. 의자에 앉은 상태에서 팔걸이에 양쪽 팔을 묶고 (수사관인) 이 아무개가 양쪽 집게손가락에 전기 코일을 감고 야전용 발전기 같은 걸 돌리며 "간다, 간다"라고 말했다.

발전기 레바를 돌리는 순간 나는 정신을 잃어버렸다. 나중에는 의자가 묶인 상태에서 바닥이 아래로 꺼졌는데 아주 캄캄하고 냉기가 있고 음습했다. 그때 이 아무개가 위에서 "거기는 한강으로 통하는 곳이다, 쥐도 새도 모르게 한강물에 흘려버린다"고 말했다.

온갖 고문에도 김병진이 간첩인 것을 밝힐 수 없었던 보안사는 그의 뛰어난 한국어 실력을 이용해 그를 보안사 일본어 통역요원으로 써먹기로 작정한다. 1984년 전두환 정권 아래서 보안사에 연행된 80%가 재일동포였고 모국어가 서툰 그들을 취조하기 위해 일어 통역요원이 필요했던 것이다. 결국 김병진은 강제로 보안사에 특채되어 1984년 1월 1일부터 보안사 6급 통역요원으로 1986년 1월 31일까지 약 2년간 근무한다.

보안사에 체포되기 전 김병진은 삼성종합연수원에서 일본어 강사를 하면서 월수입이 80만원 정도였다. 그러나 그가 보안사에 강제 근무하면서 받는 월급은 고작 14만원이었다. 그의 아내는 생활이 어려워 결국 결혼반지를 팔기도 했다. 보안사는 이렇게 '값싼' 통역요원인 김병진을 풀어주고 싶지 않았다. 그러던 중 그의 아내가 임신을 한다. 그는 둘째아이 출산을 위해 아내와 함께 일본에 다녀와야 한다며 퇴근 후 보안사 간부 집을 일일이 찾아다니며 간절히 부탁한다. 결국 그의 퇴직이 허용되었는데 "둘째아이만 낳고 다시 보안사로 돌아온다는 조건"이었다.

보안사를 낱낱이 고발하는
논픽션 책 출간

1986년 2월 1일, 김병진은 마침내 가족들과 함께 일본으로 돌아간다. 그

《보안사》의 한국어판 표지. 보안사 서빙고분실에서 자행된 고문과 회유로 조작된 재일동포 간첩사건의 진상을 폭로한 이 책은 이후 간첩조작 사건의 재심 재판에서 주요 증거가 된다.

리고 고문받는 이들의 비명이 들리는 악몽 같은 보안사로 다시는 돌아가지 않았다. 그는 목숨을 내놓고 보안사에서 자신이 겪은 고초를 낱낱이 고발하는 책을 쓴다. 일본어판과 한국어판으로 동시에 출간된 《보안사》가 그것이다. 1988년 일본어판 《보안사》는 《아사히저널》에서 논픽션 우수상을 받는다. 반면 한국어판이 나왔을 때 노태우 정권은 책 8천부를 모두 압수하고 김병진에게 지명수배를 내린다. 책을 펴낸 출판사는 압수수색을 받고 사장 역시 지명 수배된다. 김병진은 '군사기밀보호법 위반'으로 기소중지 당하고 김대중 정부가 출범하기 전까지 국내 입국이 금지된다.

김병진은 그의 책에서 2년간 보안사에서 근무한 경험을 토대로 서빙고 대공분실에서 자행되던 고문과 회유로 조작되던 재일동포 간첩사건의

'끔찍한' 진상을 폭로했다. 수사관의 실명을 고스란히 적은 이 책은 이후 간첩조작 사건의 재심 재판에서 주요 증거가 된다. 《보안사》를 재심 재판에 증거로 제출해 무죄판결을 받은 이들 중에 고맙다며 그에게 연락해 온 이들도 4명이나 된다. 김병진은 한국에서 일본으로 돌아가면서 다른 재일동포들이 여러 면에서 후원해줄 것을 기대했다. 그래서 도주 계획을 세우면서 아내에게 "감싸줄 선배들이 많으니까 걱정하지 말라"며 안심시키기도 했다. 그런데 현실은 반대였다.

벗어날 길 없는
한국의 협박과 일본의 냉대

《보안사》 출간이 한국에서 큰 화제가 되고 있는데도 어떤 이들은 "김병진이 수많은 사람들을 고문했다. 김병진이 밀고해서 잡힌 사람이 많다"고 쑤군댔다. 심지어 1970년대에 잡힌 사람들이나 그가 전혀 알지 못하는 사람들, 안기부에서 조사받은 사람들까지 김병진의 밀고 때문이라며 "가족을 살해하겠다"는 협박까지 받았다. 모두 노태우 정권의 선전공작 때문이었다.

책이 출간되자 보안사의 추적이나 감시가 표면적으로는 잠잠해진다. 그러나 보안사는 한국의 가족들, 특히 김병진 아내의 형제들에게 전화해 노골적으로 협박하기도 했다. 네 살짜리 아들과 갓 태어난 딸을 지키려고 하루하루 불안에 떨던 그의 아내는 정신 불안과 유선염이 있어도 경제적

어려움 때문에 마음대로 병원에 갈 수도 없었다. 동네 지인들이 그것을 알고 병원에 데려가기도 했다.

김병진에 대한 지명수배, 여권 발급 금지 처분은 그 후 15년간 계속된다. 그는 김영삼 정부 때 청와대 앞으로 탄원서를 여러 번 올렸다. 그러나 번번이 묵살되었고 겨우 받은 회신은 청와대에서 국방부, 국방부에서 법무부로 이첩했다는 "성의 하나 느끼지도 못한 종이쪽지"였다. 김대중 정부 때가 되어서야 비로소 김병진의 귀국이 허락된다. 그러나 이루 말할 수 없는 삶의 스트레스 때문인지 2008년 그는 병원에서 '노동력 상실'이란 진단을 받는다.

노무현 정부 시절, 과거사 정리에 대한 국가 차원의 시동이 본격적으로 걸렸다. 2009년 11월, 진실위는 사건 발생 26년 만에 "국가폭력의 피해자 김병진 씨에 대해 국가는 사과하고 명예회복을 위한 조처를 취하라"고 권고한다. 하지만 그 후 한국 정부는 '불러도 대답 없는 이름'으로 김병진과 그 가족에 대해 오로지 침묵으로 일관했다.

법이 무죄라는데도
구제받을 법 집행의 길은 묘연

김병진은 진실위 규명 결정 이전에 주위 권유로 국가를 상대로 손해배상 소송을 제기했으나 결과는 참담했다. 법원은 "국가의 불법행위는 인정되지만 공소시효가 지났다"며 패소 판결을 내린다. 법원 논리라면 노태우 정권 때 손해배상 소송을 제기했어야 하지만 당시 수배당하고 입국이 금지된 상황에서 그가 노태우 정권을 상대로 소송하는 것이 가능했을까?

2020년 1월 2일 전화 인터뷰 중 그는 내게 이렇게 하소연했다.

한국의 법체계가 이해 안 된다. 피해자보다는 가해자에게 유리하게 되어 있는 법이다. 내 사건에 대한 진실 규명이 한국 국가기관에 의해 공식적으로 이루어졌는데도 한국에서 법적으로 내가 구제나 보상받을 길이 전혀 없다. 이해가 안 간다. 어디에다 하소연해야 할지.

노무현 정부에 이어 등장한 '기업하기 좋은 나라'를 만들겠다는 이명박 정부 시절 과거사 정리는 홀대를 받았다. 2011년 나는 잠시 한국을 방문한 김병진씨를 서울에서 만나 그의 참담한 사연을 담은 기사("내 아내 윤락녀 만든다고 협박해놓고, 사과도 없어")를 쓴 적이 있다. 하지만 당시 '용산참사'에도 눈 하나 깜박하지 않던 대통령이라 그저 바위에 계란 던지는 절박한 심정이었을 뿐 기대는 하지 않았다. 예상대로 이명박 정부는 그의 피해 구제를 위해 아무런 조치도 취하지 않았다. 그 후 박근혜 정부 시절에 우리는 아예 꿈을 접었다.

문재인 정부가 들어서자 그는 뭔가 답이 오겠지 하는 막연한 기대감을 가졌다. 그는 자신의 요즘 심정을 이렇게 밝혔다.

문재인 정부가 출범한 지도 이느덧 3년, 수구세력들의 방해가 있다 한들 과

김병진 씨는 이번 정부가 응어리진 한들을 풀어주리라 간절히 기다리고 있다.

거사법 하나 국회에서 처리를 못 하고 있는 것이 말이나 됩니까? 2020년 올해는 꼭 결과를 내주시라는 말을 하고 싶습니다. 억울한 사람들 소식은 언론을 통해 많이 접합니다. 아직도 한국에선 억울한 사람들이 수없이 많습니다. 저희 가족을 포함해 응어리진 한들은 아직도 풀리지 않았습니다.

고문 폭력의 당사자들인
추재엽과 고영주의 뻔뻔한 정치행보

김병진은 1983년 자신이 보안사에 불법 구금되었을 당시 보안사 요원 추재엽의 고문을 목격했다. 그런 추재엽이 2002~2006년, 2007~2010년, 그리고 2011~2013년까지 서울시 양천구청장을 역임한다. 2011년에는 당시 새누리당 박근혜 대선 후보가 추재엽의 구청장 당선을 위한 지원 유세에 나서기도 한다. 그 덕분인지 그는 구청장 3선에 성공한다.

추재엽은 당시 재판 증인을 서기 위해 국내에 잠시 머무르던 김병진을 겨냥해 양천구민들에게 "북한 간첩 김병진을 출국금지시켜 조사하라"는 문자를 보내기도 한다. 이 일로 곤욕을 치른 결과인지 김병진은 뇌경색으로 3개월 동안 입원하기도 했다. 그 후 후유증이 심해 재활에 2~3년 걸렸고 아직도 언어장애와 보행에 불편함이 남아 있다. 결국 추재엽은 무고와 허위사실 유포 혐의 등으로 기소되어 2012년 10월 11일 당선 무효형을 선고받고 1년 3개월 동안 구속된다.

1983년 김병진의 피의자 신문조서를 작성했던 공안검사는 서울지검 고영주였다. 1980~90년대 대검과 서울지검 공안부에서 '재일교포학생 간첩'을 전담하듯 했던 고영주는 이명박·박근혜 시절 대표적 극우 인사로 언론탄압의 선두에 선다. 이명박 정부에서 사학분쟁조정위원회 위원과 방송문화진흥회 감사를 맡았던 고영주는 박근혜 정부에서 국가정상화추진위원회 위원장과 방송문화진흥회 이사장을 지낸다.

27년 동안 공안검사로 활동한 고영주는 2006년 친북진상규명위 자문위원으로 출범식에 참여한다. 이 자리에서 고영주는 "일반적으로 우리나라 공안기관들이 공안사범자들에게 고문을 가해서 공산주의자라는 자백을 받은 것으로 오해하고 있는데 사실은 그렇지 않다. 1980년대 당시 공안사범들은 아주 자랑스럽게 스스로 자신들이 공산주의자라고 밝히며 검사들과 논쟁을 하고자 했었다"고 수장했다.

조작된 간첩들

2013년 1월에는 500여 명이 참석한 보수단체 신년하례회에서 고영주
는 "문재인 (대선) 후보는 공산주의자"라고 말하며 "문재인이 대통령이 되
면 우리나라가 적화되는 건 그야말로 시간문제다"라고 주장하기도 했다.

김병진사건 사건일지

- **1983년** 보안사, 7월 9일 재일동포로 한국에 유학 왔다가 삼성종합 연수원 일본어 강사로 재직 중이던 김병진을 보안사 서빙고 분실로 강제연행.

- **1984년** 보안사, 김병진을 1월 1일부터 1986년 1월 31일까지 약 2년간 보안사 6급 통역요원으로 근무시킴.

- **1986년** 김병진, 2월 1일 둘째아이 출산을 위해 일본에 다녀오겠다는 핑계로 가족과 함께 일본으로 도피. 이후 보안사에서 근무한 경험을 토대로 서빙고대공분실에서 고문과 회유로 조작되던 재일동포 간첩사건의 진상을 폭로한 책《보안사》를 일본어 판과 한국어 판으로 출간. 1988년 《아사히저널》논픽션 우수상 수상. 이 책 출간으로 한국에선 8천 부 모두 압수되고 군사기밀보호법 위반으로 기소중지 당함. 김병진에 대한 지명수배와 여권발급 금지 처분은 15년간 계속됨.

- **2009년** 진실위, 11월 사건 발생 26년 만에 김병진에 대해 국가는 사과하고 명예회복을 위한 조처를 취하라고 권고. 국가는 현재까지 침묵으로 일관 중.

⋮

어부-보광스님
이 상 철

소년 가장 어부 시절 피랍됐던
불운이 가져다준 간첩 딱지

열두 살 때 아버지를 잃은 데 이어 열아홉 살에 어머니까지 여읜 이상철 (1950년생)은 열네 살 때부터 세 동생들을 돌보는 소년 가장으로서 어부가 되었다. 이상철은 1971년 9월 26일 동해에서 동료 선원 19명과 함께 오징어잡이 조업 중 태풍을 만나 북한 경비정에 피랍돼 1년간 북한에 억류되었다가 1972년 9월 7일 귀환한다.

이 사건으로 이상철은 수산업법 및 반공법 위반 혐의로 기소되어 1973년 4월 12일 인천지방법원에서 징역 1년형을 선고받는다. 1974년 출감해보니 자신이 감옥에 있는 동안 부모도 없이 자란 열여섯 살 된 어동생은 시집갔고, 그 아래 남동생은 주문진 항구의 한 가게에 점원이 되어 있었고, 막내 남동생은 남의 집으로 입양되어 떠나고 없었다.

그로부터 3년이 지난 1977년 이상철은 거제도에 정착해 1녀 1남을 둔 가장으로 살며 페인트 가게를 연다. 1983년 봄이 되었을 때는 경남 거제군 대우조선소에 취업해 시설관리부 반장으로 지낸다. 평온하기만 한 나날이었다. 그런데 1983년 11월 15일 그가 일하고 있던 대우조선소 공사 현장에 건장한 보안부대 수사관 4명이 나타난다. 군수사관들은 아무 설명도 하지 않고 영장도 없이 민간인인 이상철을 강제연행해 간다. 법령상 국군보안사령부(이하 보안사)에는 민간인에 대한 수사권이 없다. 그런데도 당시 보안부대 수사관은 민간인 이상철을 강제연행해 가혹한 고문 수사를 자행했고 나중에는 수사기록도 위조한다.

전기고문·물고문을 넘어
성불구로까지 만들다

진실·화해를위한과거사정리위원회(이하 진실위) 보고서는 당시 보안사에 불법으로 강제연행된 뒤 수사관들에게 가혹한 고문조사를 받던 이상철의 진술을 이렇게 기록하고 있다.

수사관들이 나의 옷을 다 벗겨놓고 무릎을 꿇게 해 조사를 했다. 수사관들이 전기고문을 할 때는 양쪽으로 4명, 앞뒤에 1명씩 서 있었고 물에 젖은 가마니를 바닥에 쭉 깔아놓았으며, 그 추운 겨울에 발가벗겨 의자에 앉혀놓고 손과 발을 묶고, 나의 성기에다 전기선을 감아 전기고문을 했고, 또 봉을 만들어서 전기 스파크가 생기면 나의 앞가슴을 쳤다. 그 충격에 의해서 내가 쓰러지면 수사관들이 의자와 나를 함께 잡아서 다시 똑바로 앉혀서 전기고문을 반복했다. 수사관들이 내가 전기고문을 받다가 기절을 하면, 바케스(양동이)에 물을 갖다놓고 내 온 몸에 부었다.

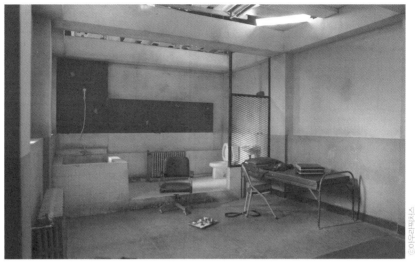

보안사에 불법으로 강제연행된 뒤 이상철은 수사관들에게 끔찍한 고문을 당한다. 사진은 영화 〈남영동 1985〉의 한 장면.

수사관들이 물고문을 할 때는 나의 양손을 발 사이로 해가지고 봉을 끼워 매달아놓고(돼지 멱 딸 때처럼 거꾸로 매달아가지고), 물탱크에 통째로 집어넣었다. 수사관들이 물을 실컷 먹고 기절해버린 나를 끄집어내어 발로 밟아 물을 토하게 했다.

수사관들이 옷을 주었는데 나에게 런닝이나 팬티는 주지 않고, 군복 윗도리와 바지만 입게 했다. 잠을 하루에 2시간밖에 못 자게 했고, 2시간 재우는 것도 군용 야전침대에 군용 담요를 하나 주어 잠을 자게 했다. 하지만 군용 야전침대에 누워서 고개나 몸을 옆으로 좀 돌리려고 하면 수사관들이 바로 눕게 했고, 추워서 담요를 어깨 이상으로 올리면 다시 내렸다.

고문을 받다가 자살하고 싶은 마음이 여러 번 생겼지만 자살 시도는 다 실패했다. 화장실에 가서 대변을 볼 때도 문을 열어놓고 하고 조금이라도 이동할 때면 옆에서 팔짱을 끼고 앞뒤로 수사관들이 서 있었다.

전기고문과 물고문도 그렇지만 정말 고통스러운 것은 수사관들이 나를 발가벗겨 벽에 세워놓고 나의 성기에다 고무줄을 묶어서…. 그 고통이 컸다. 그리고 조사받을 때 나의 머리는 장발에 가까웠다. 수사관들이 나에게 졸지 말라고 발뒤꿈치가 들리게끔 천장에다 내 머리를 묶어서 매달아놓고, 내가 조금이라도 껌뻑거리면 머리카락이 빠졌다. 참 인간으로 상상하지 못할 고통이다. 머리카락이 빠져도 잠이 와서 껌뻑거리면 각목이나 몽둥이를 가지고 옆구리고 등짝이고 배때기고 볼 것 없이 사정없이 때리고, 봉을 허벅지 사이에다 끼워놓고 수사관들이 붕 떠가지고 나의 허벅지를 사정없이 짓밟았다…. 그 당시 고문으로 나는 성불구자가 되었고 현재도 오른쪽 귀가 안 들린다.

어느 날에는 수사관들이 나를 사흘인가 굶기더니 내 앞에서 불고기를 앞에다 놓고 술을 먹기까지 했다. 그 불고기 냄새 때문에 내가 미칠 지경이었다. 수사관들이 나에게 "지장을 찍고 고기를 먹으라"고 했다. 어느 날에는 수사관들이 나하고 함께 납북되었던 김 아무개가 전국을 돌며 간첩 활동을 하다가 잡혀왔다고 했다. 수사관들이 "만난 적이 있냐"라고 물어, 나는 "만난 적도 없고 귀환해서 지금까지 모르고 산다"라고 말했다. 김 아무개가 실제로 간첩 활동을 한 것인지 안 한 것인지도 모른다고 했다.

그리고 옆방에서 비명 소리가 밤새도록 들렸다. 수사관들이 나에게 "옆방에 니 동생과 처가 와서 고문을 받는다, 들어봐라"라고 했다.

조작된 간첩들

동생과 아내가 고문받는 비명에
무너져 거짓 자백

결국 동생과 처가 고문받는 소리에 이상철은 철저히 무너졌다. 그는 "처와 동생이 고문받는 소리를 듣고 있으니 차라리 나 하나 죽는 것이 낫다"는 생각이 들었다. 그래서 밤낮없는 가혹한 고문 37일 만에 그는 마침내 수사관들에게 자신이 간첩이라고 거짓 자백했다. 이상철은 마산지방검찰청의 기소로 1984년 5월 2일 마산지방법원에서 징역 17년, 자격정지 17년형을 선고받는다. 나중에 이상철은 "검찰에서 조사를 받을 때도 검사실에 보안사 수사관들 4명이 버티고 있어서 말 한 마디도 하지 못했다. 당시 검사가 수사관한테 허리를 굽히고, 검찰청에 아가씨도 있는데 검사가 직접 차를 수사관들에게 가져다주었다"고 진술했다.

1984년 6월 26일 대구고등법원에 제출한 항소이유서에 이상철은 당시의 상황에 대해 이렇게 적었다.

창원시에 있는 육군 제502 보안대 수사관들에게 물고문과 전기고문 등을 당했으며, 그 당시 악몽 같은 고문의 흔적이 7개월이 지난 지금에도 팔목에 있고 손과 발은 아직도 감각이 둔화된 상태이며 생식기도 이따금 통증이 오기도 한다. 이와 같은 고문 등을 하면서 확실한 증거가 없자 보안대 수사관들이 이러이러하게 행동했을 것이고 이렇게 말했을 것이라는 식으로 조서를 먼저 작성해 그것을 보고 자필해 진술서를 쓰게 했다.

그리고 보안대 수사관들이 "이것을 인정해 국가로부터 선처를 받아야 된다. 선처로는 공소 보류도 있고 또 국가에서 베푸는 은사 조치도 있고, 경우에 따라서는 여러 가지 국가의 혜택이 많으니까 모든 것을 조서와 같이 시인하고 동정을 받으"라고 획책해서 어리석게도 곧이곧대로 받아들여 시인하게 되었다. 이후 검찰조사와 1심 법정에서도 시인하게 되었다.

그리고 3개월 후인 1984년 9월 14일 작성된 이상철의 대구고등법원 1차 공판조서에는 이렇게 기록되어 있다.

검사: 1심 법정까지 자백을 한 것은 맞는가?

이상철: 맞으나 보안대에서 35일간의 고문에 못 이겨 자백을 했다.

검사: 수사기관에서 자백한 것은 고문에 못 이겨 그랬다고 1심 법정에서 자백한 이유는 무엇인가?

이상철: 수사기관에서 공소 보류를 해준다고 해서 그것을 믿고 모든 생을 포기한 상태에서 허위자백을 한 것이다.

> 맞다가 죽을 게 두려워
> 시키는 대로 무조건 "예, 예"

국군보안사에 끌려가 가혹한 고문조사를 받은 민간인은 이상철뿐이 아니었다. 그의 직장 동료와 동생들도 불법으로 강제연행되어 고문을 받았

보광 스님.

다. 당시 대우조선소 토목기사 강 아무개는 2009년 진실위에서 이렇게
회고했다.

지하 1층 조사실에서 새빨간 가죽잠바를 입은 수사관으로부터 조사를 받
았다. 그 수사관이 뺨을 때리고, 주먹으로 옆구리를 때리고, 허벅지와 정강
이를 구둣발로 차는 등의 구타를 했다. 새벽이 되어 졸음이 와서 졸면 수사
관이 주전자를 가지고 와서 머리와 얼굴에 물을 부었다. 그리고 새벽쯤 되
어서 (직장 동료) 심 아무개를 내가 있는 방으로 데리고 왔다. 심 아무개는 잘
걷지를 못하고 절뚝거리면서 들어왔다. 나와 심 아무개가 함께 조사를 받았
는데 심 아무개도 "이상철에게 대우조선의 시설물에 대해서 이야기한 적이

없다"고 대답하니 수사관들이 손과 주먹 그리고 발길질로 나와 심 아무개의 온몸을 때렸다.

수사관 두 사람의 부축을 받으면서 어떤 사람이 우리가 있는 방으로 들어왔다. 처음에는 정말 이상철인지 몰랐다. 이상철은 상고머리였는데 머리를 빡빡 깎여 있었으며 걸음도 잘 걷지 못했고 얼굴에 멍 자국이 있었다. 그리고 얼마나 맞았는지 얼굴이 심하게 부어 있었다. 수사관이 나에게 "이상철이 알아, 몰라!"라고 말하자 "잘 모르겠습니다"라고 말했고, 수사관이 심 아무개에게 "너도 몰라?"라고 물었는데 심 아무개도 "모른다"고 하니까 수사관이 "이 새끼들 이상철이를 왜 몰라!" 하면서 두들겨 팼다. 그리고 이상철을 데리고 나갔다.

이상철이 나가고 나서 "너희들끼리 이야기를 해봐라"면서 수사관들이 조사실에서 모두 나갔다. 내가 심 아무개에게 "이렇게 맞다가는 우리가 죽게 생겼다. 이상철처럼 저렇게 되는 것이 아니냐, 수사관들이 시키는 대로 하자"라고 합의를 했다. 그리고 나서 좀 있다가 수사관이 들어와 "잘 이야기했냐"라고 물어보아 내가 "잘 이야기를 했습니다"라고 대답했고, 그 수사관이 불러주는 대로 나와 심 아무개가 받아 적었고, 지장을 찍었다.

그리고 나서 다른 수사관이 팬티만 남기고 옷을 다 벗으라고 해 우리들의 몸에 대한 신체검사를 했다. 그러면서 "어디 아픈 데 있냐"라고 물어보았다. 그리고 "일찍 협조를 해주었으면 고통을 받지 않았을 것인데 때려서 미안하다"라고 했다. 그리고 수사관이 "여기서 조사받은 내용에 대해서 발설하게 되면 국가 기밀을 누설하게 되어 처벌을 받을 수 있다"는 내용의 각서를 쓰고, 소리 내어 읽게 했으며, 서명하고 지장을 찍도록 했다.

검찰조사를 받을 때 보안대 수사관이 검사가 묻거든 검사 앞에서 무조건 '예'라고 대답해라, 만약 '아니오'라고 대답하면 다시 조사받으러 가야 한다고 협박했다. 그 수사관이 검찰에 제출하는 서류에 '중사'라는 계급이 쓰여 있는 것을 보았다. 검사가 수사서류를 보더니 우리에게 "이것이 맞냐?"라고 물어보았고, 우리는 무조건 "예", "예"라고 대답을 했다. 그리고 서명을 하고 지장을 찍고 나왔다.

  이상철의 직장 동료이자 대우조선소 토목기사였던 심 아무개는 2009년 진실위에서 당시 상황을 이렇게 증언했다.

수사관들이 뺨을 때렸고 잠이 오는데 잠도 못 자게 하면서 계속 조사를 했다. 수사관이 "같은 직원들이 다 인정을 했는데 너는 왜 인정을 안 하느냐"며 또 때렸다. 그러다가 나중에 어떤 방으로 데리고 갔는데 강 아무개 등이 있었다. 나와 강 아무개 등이 계속 모른다고 하면 수사관이 뺨을 때리고 회유와 협박을 했다. 강 아무개는 학교 다닐 때 데모했던 경력이 나와서 더 많이 맞았다. 그래서 어쩔 수 없이 시인하게 되었다.

수사관이 자술서를 쓰라고 시나리오를 종이에 적어가지고 왔다. 수사관이 시나리오를 주면서 "같은 회사 직원들이 다르게 쓰면 안 되니 이것을 보고 비슷비슷하게 적어라"고 했다. 그래서 시키는 대로 했고 이후 보안대에서 조사받은 것에 대해 발설하지 않겠다는 각서를 쓰고 석방되었고, 검찰에서도 보안대에서 인정한 대로 다 시인했다.

동료들에 대한 고문 수사로
이상철의 간첩 증거 만들기

이상철과 함께 1971년에 납북되었던 동료 선원 김 아무개는 진실위에서 당시 상황을 이렇게 회상했다.

창원보안대 수사관들이 나에게 군복으로 갈아입으라고 했다. 그리고 욕조와 책상이 있는 지하 조사실로 데려갔다. 수사관들이 나에게 "북한에서 무슨 교육을 받지 않았냐, 무슨 지령을 받았냐, 국가 기밀을 탐지했지?" 등을 물었다. 그래서 "그런 사실이 없다"고 대답했다. 그랬더니 그때부터 몽둥이를 가지고 와서 때리기 시작했다. 그때는 정말 발바닥을 많이 맞았다. 너무 많이 맞아서 발바닥이 부어올랐고 걸을 때마다 풍선을 밟는 느낌이었다. 그리고 어느 날에는 의자에 다리를 묶어놓고, 엄지손가락에 전기선을 묶고 전기고문을 했다. 나중에는 엄지손가락에 딱지가 생길 정도였다. 또 어느 날에는 손목과 발목을 각각 묶었고, 무릎을 손으로 감싸게 하더니 오금 사이로 나무 막대기를 넣었다. 그리고 수사관 2명이 내 몸과 나무 막대기를 함께 들어서 책상과 책상 사이에 걸쳐놓았다. 그러니 마치 통닭처럼 몸이 뒤로 젖혀졌다. 그리고 주전자를 가지고 와서 내 얼굴에 물을 부었다. 또 오금 사이로 각목을 끼워 넣고 무릎을 꿇게 하더니 무릎 위로 수사관이 구둣발로

조작된 간첩들

밟고 올라가 짓눌렀다. 그래서 그들이 요구하는 대로 북한에서 지령을 받았고, 국가 기밀을 탐지했다는 내용으로 다 시인을 했고, 서류에 손도장까지 다 찍었다.

고문은 주로 이 아무개 중사와 지 아무개 하사가 했다. 그리고 목 과장(중령으로 추정)이라는 사람이 나의 무릎 위에 올라가서 발로 지근지근 밟았다. 아랫사람들이 고문이나 가혹행위를 하면 지휘관이 못하게 말려야 하는 것이 아닌가. 정말 목 과장은 더 나서서 나를 괴롭혔다. 이 아무개 중사는 나에게 "너 동중(마산동중학교) 나왔지, 나도 그곳을 나왔다. 너를 때리면서도 안타깝다"라는 말을 했다.

다 시인을 하자 그때부터는 수사관들이 잘해주었다. 발바닥이 많이 부어 있었는데, 조그마한 막대기를 가지고 와서 발바닥을 문지르게 했고, 연고를 갖다주면서 발바닥에 바르라고 했다. (중략) 창원 보안대에서 서울 보안대로 가기 전에 이상철에 관한 조사를 받았다. 내가 간첩행위를 했다고 시인한 후였기 때문에 이상철에 대해서도 수사관들이 시키는 대로 그대로 다 시인을 했다. 창원 보안대에서 조사를 받을 때 이상철을 본 적이 없다. 다만 내가 그렇게 고문 가혹행위를 당했는데 이상철은 오죽했겠는가, 나보다 더 당했으면 당했을 것이다.

당시 대우조선소 토목소장 문 아무개는 진실위에서 "보안대 수사관들이 이상철은 간첩이라고 해, 무서웠기에 수사관들이 시키는 대로 적었으며 조서도 읽어보지 않고 지장을 찍었다"고 진술했다.

당시 옥포기업 목수반장 한 아무개는 진실위에서 "보안대 수사관 최 과
장이 이상철은 간첩이며, 대우조선에 침투해서 250여 명을 포섭했고, 그
중 나를 포섭하려다 실패했다고 했다. 그래서 이상철이 나쁜 놈이라고 생
각했으며, 최 과장이 글을 써주어서 그대로 베껴 썼다"고 진술했다. 당시
경북 영덕군 건업사 직원 김 아무개는 진실위에서 "보안대 수사관이 이상
철을 간첩이라고 하면서, 문장 몇 개를 만들어가지고 오더니 '이상철이가
북한을 찬양하는 이런저런 말을 했다고 해라'고 해 시키는 대로 했다. 그
리고 옆방에서 조사를 받고 있는 김 아무개가 맞는 소리를 들었다"고 진
술했다.

15년 수감생활을 마치던 날
출가의 길 선택

이상철의 처(후에 이혼) 김 아무개는 진실위에서 당시 남편이 보안사에 구
금되어 있는 상황에서 자신이 보안사 수사관에게 당한 고통을 이렇게 증
언했다.

조사가 끝나자 나를 조사했던 사람이 배가 끊겼으니 근처에서 자고 다음날
일찍 집에 가라고 했다. 그러면서 옆에 있는 수사관에게 여관에 데려다주라
고 말했다. 그래서 그 사람과 함께 조사받은 건물 근처에 있는 여관으로 갔
다. 그 수사관이 여관비를 냈고, 그 여관 1층에 있는 방으로 함께 들어갔다.

조작된 간첩들

나는 여관방 침대에 걸쳐 앉아 있었고, 그 수사관은 "여기서 잘 자고, 내일 아침에 집에 잘 가이소"라고 하면서 밖으로 나가더니 다시 들어왔다. 그 수사관이 무조건 나의 옷을 벗기더니 강간을 했다.

그때 나는 아무 반항도 하지 못했다. 나를 강간한 사람은 수사관이었기 때문이다. 그 수사관은 나를 강간한 후 "말하지 말아라" 하고 여관방을 나갔다. 내 키가 155cm 정도인데 그 사람은 나보다 컸는데 아주 큰 키는 아니었고, 아주 작은 키도 아니었다. 머리카락이 짧은 스포츠머리였고, 나이는 30대 중반 정도 되어 보였고 경상도 말투였다.

이상철의 동생 이 아무개는 진실위에서 출소 후 형 이상철에 대해 이렇게 회고했다.

큰형님 이상철이 출소 후에 나에게 이야기해준 것은 보안대에서 조사를 받을 때 고문을 많이 받았으며 억울하게 간첩으로 조작되었다고 했다. 또 전처 김 아무개도 보안대에서 조사를 받은 후 성추행을 당했다고 했다. 둘째 형님 이 아무개도 보안대에 참고인으로 소환되어 폭행 등 고문을 당했다고 했다. 둘째형님 이 아무개는 큰형님이 구속되자 괴로워서 술만 마시다가 1986년 간암으로 돌아가셨다.

1984년 5월 2일 마산지방법원에서 징역 17년을 선고받은 이상철은 고등법원과 대법원에 항소 및 상고를 한다. 그러나 각각 기각되어 1985년

1월 22일 대법원에서 형이 확정된다. 당시 그는 6살 된 딸과 4살 된 아들을 둔 가장이었다. 그 후 이상철은 약 15년간 수감생활을 한 후 1998년 8월 15일 출소한다.

하지만 이상철은 출소 후에도 전혀 아들과 딸을 만나지 못했고 아내와는 이혼한다. 평생 억울하게 '빨갱이 자식'이란 놀림과 냉대 그리고 비난을 받았던 자녀에게 다시 아픔을 주는 '간첩 아버지'가 되고 싶지 않았기 때문이다. 이상철은 출소하는 길로 곧바로 출가해 보광이란 법명의 승려가 된다. 이상철은 딸 결혼식에도 딸에게 누가 될 것 같아 가지 않았다. 대신 먼발치에서 웨딩드레스 입은 딸아이의 얼굴을 남몰래 바라보고는 쏟아지는 눈물을 닦으며 쓸쓸히 돌아섰다.

2006년 10월 18일 이상철, 아니 보광 스님은 1984년 전두환 정권기 보안부대의 가혹한 고문으로 인해 자신이 간첩으로 조작되었다며 진실 위에 진실 규명을 신청한다. 하지만 진실 규명을 신청한 지 4개월 만인 2007년 2월 25일 심장마비로 한 많은 세상을 떠난다.

아들에게 남긴 음성 메시지
"아버지는 간첩이 아니야"

출소 후 무려 23년간 아버지를 만나지 않은 아들(당시 28세)은 뒤늦게 아버지의 차가운 시신 앞에 머리를 조아리고 뜨겁게 오열한다. 아들은 아버지 생전에 호적을 정리하려고까지 했다. 아들은 아버지가 운명하기 한 달

전인 2007년 1월 자신을 찾아왔을 때도 만나기를 거부했다. 이상철은 그런 아들을 그리워하며 아들 휴대폰에 마지막 음성 메시지를 남긴다. 그것이 유언이 되었다.

세월이 흐르면서 진실이 밝혀질 테니 하나하나 풀어나가자. 아들아, 아버지는 간첩이 아니야.

그로부터 3년이 지난 2010년 1월 진실위는 이 사건에 대해 이렇게 진실 규명 결정을 내렸다.

이 사건은 제502 보안부대가 납북귀환어부 이상철을 영장 없이 연행해 구금하고 고문, 가혹행위를 가하는 등 불법적인 수사를 해 허위자백을 받아낸 후, 거제경찰서에서 이상철을 1976. 9. ~1983. 11. '접선 공작'을 위해 협조망으로 운영한 사실을 은폐해 간첩행위를 한 것으로 왜곡하고, 국가안전기획부가 수사한 것처럼 수사서류를 작성함으로써 결국 기소와 판결을 통해 장기간 징역형을 살게 한 중대한 인권침해 사건이다.

이 같은 진실위의 진실 규명 결정을 근거로 이상철의 자녀들은 국가를 상대로 재심을 신청한다. 그리고 2011년 11월 20일, 27년 만에 이상철은 사후에나마 간첩 누명을 벗는다. 이날 재판부는 이렇게 판결했다.

민간인에 대한 수사권이 없는 군기관이 이씨를 불법 구금한 상태에서 고문과 가혹행위로 받은 자백은 증거능력이 없다. 과거 법원의 잘못된 판단에 대해 그동안 커다란 고통을 받은 피고인과 그 유족들에게 사죄의 말씀을 드립니다. 부디 이 판결이 피고인과 유족들에게 위로가 되기를 바랍니다. 재심 청구인, 고생하셨습니다.

보광 스님, 이 세속에서 너무나 고생하셨습니다. 극락세계가 있다면 그곳에서라도 편히 쉬소서!

이상철사건 사건일지

- **1971년**   이상철, 9월 26일 동료 선원 19명과 함께 오징어 조업 중 태풍으로 북한 경비정에 의해 피랍. 1년간 억류되었다가 1972년 9월 7일 귀환.

- **1973년**   이상철, 4월 12일 수산업법 및 반공법 위반 혐의로 기소되어 인천지방법원에서 징역 1년형 선고받고 1974년 출감.

- **1977년**   이상철, 거제도에 정착해 결혼생활.

- **1983년**   보안부대, 11월 15일 봄에 거제 대우조선소 시설관리부 반장으로 취업해 일하던 이상철 강제연행. 고문 37일 만에 간첩이라고 거짓 자백.

- **1984년**   마산지방법원, 5월 2일 징역 17년 자격정지 17년형 선고.

- **1984년**   6월 26일 항소이유서 제출.

- **1985년**   대법원, 1월 22일 형 확정.

- **1998년**   8월 15일 15년간 수감생활한 후 출소. 바로 출가해 보광이란 법명의 승려가 됨.

- **2006년**   보광 스님, 10월 18일 진실위에 진실 규명 신청. 4개월이 지난 2007년 2월 25일 심장마비로 사망.

- **2010년**   진실위, 중대한 인권침해 사건으로서 진실 규명 결정.

- **2011년**   11월 20일 재심에서 27년 만에 무죄판결.

1986

⋮

공장노동자
심 진 구

고졸 공장노동자의 해박함과
논리적 글 솜씨가 유죄

심진구는 1980년 2월 고등학교를 졸업하고 이듬해 6월 군에 입대해 1984년 1월 제대한다. 제대 후 그는 서울 구로공단에 있는 삼립식품에 다니면서 1985년 11월부터 이듬해 2월까지 넉 달 동안 서울대 제적생인 김 아무개와 함께 자취를 하게 된다. 심진구는 고등학교 시절부터 철학과 역사서를 즐겨 읽어 웬만한 대학생들과 시국이나 역사·철학 등에 관해 토론하면 그들을 논리적으로 제압할 수 있을 만큼 해박하고 지식수준이 높았다.

1986년 11월 심진구는 결혼한다. 결혼한 지 한 달밖에 안 된 그해 12월 10일 오후 5시경 그의 인생에 날벼락이 내리친다. 서울 구로구 시흥동 대로에서 아내와 동네 주민들이 보는 가운데 안기부 수사관들이 영장도 없이, 연행 이유도 말해주지 않은 채 수갑을 채우고는 남산 안기부로 그를 강제로 끌고 간다. 심진구의 아내는 2010년 악몽과 같은 그 당시 상황에 대해 진실·화해를위한과거사정리위원회(이하 진실위)에서 이렇게 회상했다.

1986년 12월 초쯤 크리스마스카드를 안양상가에서 팔고 집으로 돌아오던 중이었다. 집 근처에서 까만 자동차에 타고 있던 사람들이 차에서 내리더니 갑자기 쫓아와서 남편을 잡더니 집을 뒤져 남편 군대 사진을 챙겨서 아무 설명도 없이 남편을 끌고 갔다.

심진구는 1986년 12월 10일 안기부에 연행된 뒤 그해 12월 30일 구속 영장이 집행될 때까지 21일 동안 불법 구금된다. 그리고 변호인의 접견을 차단당한 채 안기부 요원들로부터 가혹한 고문조사를 받는다. 안기부 요원들은 왜 똑똑하고 착실한 신랑 심진구를 느닷없이 영장도 없이 불법으로 연행해 구금하고 무지막지한 고문조사를 자행했던 것일까?

심진구의 문제(?)는 고졸 학력의 공장노동자인 그가 서울대 법대생들과 토론모임을 해도 그들을 논리적으로 전부 제압할 정도로 해박하고 똑똑하다는 데 있었다. 당시 운동권 대학생들 사이에서 국내에 주체사상 이론을 처음 소개한 '강철서신'으로 불리는 6편의 팸플릿이 인기가 많았다. 심진구는 '강철서신' 중 1편인 〈선진적 노동자의 임무〉라는 팸플릿을 직접 써서 운동권 대학생들을 놀라게 한 시대의 문장가였다.

이런 심진구의 뛰어남 때문에 안기부는 그를 공장에 위장 취업을 한 북한 공작원으로 의심했던 것이다. 안기부의 굳은 머리로는 어떻게 일개 고졸 출신 공장노동자가 날고뛰는 운동권 대학생들을 놀라게 할 정도의 대표적 문건을 쓸 수 있는지 도저히 납득할 수 없었다. 안기부에서 가혹한 고문을 받고 1987년 6월 5일 공판에 출석한 심진구는 법정에서 이렇게 증언한다.

저는 대학생이 아니었기 때문에 오히려 대학생들보다 더 심한 고문을 안기부에서 자유의사를 박탈당할 정도로 받았습니다. 안기부에 1986년 12월 10일 구속되어 1987년 1월 30일까지 매일 매를 맞다시피 했습니다. 안기부에서 거의 한 달 동안 심한 고문을 받고 많은 허위진술을 한 채 검찰로 송치되었습니다. 검찰조사 시 안기부 직원이 구치소로 몇 차례 찾아와 사실대로 진술하라고 해서 안기부에서의 공포심으로 검찰에서 제대로 진술하지 못했고, 구치소에서 안기부 직원의 주선으로 KBS, MBC 기자, 안기부 조사관이 있는 가운데 인터뷰를 하게 했습니다.

> "야전침대 자루로
> 성기를 내려치면서 웃어댔다"

또한 심진구는 2008년 진실위에서 1986년 12월 안기부에 불법으로 끌려가 고문받던 상황을 이렇게 진술했다.

안기부 지하실 방에 들어서자마자 옷을 벗으라고 해서 알몸 상태가 되자 수사관들이 달려들어 무조건 두들겨 팼다. 2시간 정도 실컷 때리고 나서 수사관이 "여기가 국회의원도 잡아다가 패는 데야. 옛날 중정 알아? 여기가 안기부야"라고 해서 안기부에 잡혀온 것을 알았다. 그리고는 "너, 강철 시리즈 알아?", "엔엘피디알NLPDR이 뭔지 알아?"라고 물어서 모른다고 하자 거짓말을 한다며 사정없이 몽둥이로 때렸다. 그렇게 영어가 나올 때마다 맞았다.

어느 날 정형근(검사 출신으로 안기부 대공수사단장을 거쳐 한나라당 국회의원 역임)이 나타나서 "간첩이라고 불 때까지 더 족쳐!"라고 수사관에게 지시하고 가기도 했다. 정형근이 왔다 간 후부터 고문은 더욱 심해졌다. 성기를 책상 위에 올려놓고 내려치고 몽둥이로 목을 조르기도 했다. 안기부에서 조사받는 동안 한두 시간 정도밖에 잠을 재우지 않았고 나머지는 고문의 연속이었다.

피가 흘러나와 바닥에 고이면 고인 피를 마대 걸레로 닦아 내 손으로 짜야 했다. 6명의 고문 수사관들이 야전침대 자루로 목 조르기·비틀기를 하고 발바닥·머리·가슴 등 온몸을 밤새도록 구타해서 온몸에서 피가 나고 살이 찢겨져 심문실 바닥이 피범벅이 된 일도 있었다. 특히 계장이라고 하는 사람과 대머리에 눈이 치켜 올라간 수사관이 책상 모서리에서 야전침대 자루로 성기를 수차례 내려치면서 서로 마주보고 웃어대기도 했다.

안기부 수사관이 검찰에 가기 전에 안기부에서 말한 대로 하라고 했는데, 구치소로 가기 전에 검찰에 들러 검사 조사받는데 안기부의 수사관들과 함께 있어서 겁을 먹어 안기부에서 시키는 대로 허위진술한 진술서였지만 어쩔 수 없이 지장을 찍었다. 구치소 있는 동안에도 안기부 수사관들이 찾아와 검찰에서 사실을 말할 엄두도 내지 못했다. 내 사건을 담당한 신 아무개

검사에게 안기부에서의 고문 사실에 대해 말하자 "그 정도 가지고 뭘 그러냐"며 묵살당했고, 검찰 주사보도 "빨갱이 좌경분자는 더 맞아야 해"라며 거들었다.

또한 구치소에 있는 동안 안기부로 끌려가 반나절 정도 조사를 받았는데 다시 구치소로 돌아가지 못할까 겁을 먹었고, 수사관들의 협박으로 시키는 대로, 알려주는 대로 진술서를 작성했다. 재판 직전 간수가 여기서 나가고 싶으면 법정에서 무조건 다 인정하라고 했다. 그렇지 않고 사실을 밝히려고 하거나 말 한번 잘못하면 감옥에서 영영 썩게 된다고 해서 겁을 먹었는데 법정에 안기부 수사관이 와 있는 것을 보고 공포심에 안기부에서 진술한 대로 해야 되는구나 싶어 사실을 말하지 못했다.

자유의사가 완전히 박탈된
고문 수사 자술서 작성

안기부에 끌려가서 정형근 등에게 야만적인 고문을 받은 것은 심진구만이 아니었다. 그의 대학생 친구들도 역시 불법으로 안기부에 끌려가 가혹한 고문을 받았다. 당시 심진구의 친구 서울대생 김 아무개는 1987년 5월 29일 열린 서울지법 5차 공판에서 이렇게 증언했다.

안기부에서 주로 당한 고문은 각목으로 때리는 것이었다. 물고문은 나중에 당했다. 거의 매일 각목으로 얻어맞았다. 단단하고 가벼운 각목으로 다리를 집중적으로 구타해서 다리가 부어서 평소의 두 배가 될 정도였다. 다리를 때릴 수 없는 정도가 되자 왼팔·오른팔·어깨·발바닥 등을 번갈아 가면서 때렸고, 입고 있던 군복에 피가 배어 오를 정도로 심하게 얻어맞았다. 그리고 다리 사이에 각목을 ×자로 끼어놓고 구둣발로 짓밟고, 벽에 십자로 2시간 정도 탈진할 때까지 세워놓고 책상 밑에 처박고 구둣발로 무차별 구타하고, 구두를 벗어 그것으로 뺨을 심하게 구타하는 등 심한 기합을 받았다.

마지막으로 물고문을 받았는데, 고개를 쳐들게 하고 뒤에서 머리칼을 움켜잡고 코와 입에 수건을 덮어씌우고 주전자로 물을 퍼붓고, 물을 담아놓은 그릇에 실신할 정도가 될 때까지 얼굴을 거꾸로 처박았다.

조서 작성할 때 그들이 요구하는 대로 안 하면 많은 기합을 받았다. 고문 수사로 자유의사는 완전히 박탈당했고 그래서 자술서도 수사관이 쓰라는 대로 작성했다.

검찰조사 때는 심한 위축 상태였는데, 그 이유는 안기부에 있을 때 "검찰청 15층도 여기와 같은 시설이 갖추어져 있는 시설이 있다. 너 같은 중요 공안 사범의 진술 태도가 좋지 않으면 거기에 데려간다. 공범도 있고 진술 태도가 안 좋으면 여기 남아 있는 심진구, 하 아무개가 고생한다"며 협박을 해 검사 조사 시 심리적 위축상태였다. 특히 상당히 안면이 있는 안기부 직원이 검찰에서 조사를 받을 때 들락날락했다.

당시 심진구의 또 다른 친구 서울 법대생 김 아무개는 2010년 진실위 진술에서 이때의 상황을 이렇게 설명했다.

조작된 간첩들

2004년 당시 심진구 씨.

부산에서 안기부 수사관에게 붙잡혀 서울 남산분실로 와서는 바로 군복으로 갈아입히더니 심리적 굴욕감을 주려고 벽 타기 등을 하게 했다. 구학련 배후와 북한과의 연계가 있는지 물어봐서 그런 것이 없다고 하니 고문이 시작되었다. 한 달 간 고문을 심하게 당했는데 야전침대 봉으로 맞고, 물고문도 당했다. 정형근도 종종 조사실로 내려와 같은 서울대 법대 동문이라며 배후를 이야기하라고 해서 어이가 없었다. 검찰로 송치될 때 안기부 수사관이 동행, 배석해 검사에게 인정신문을 받았다.

심진구의 친구 하 아무개도 진실위 진술에서 1986년 안기부에서 고문 조사를 받던 상황에 대해 이렇게 회상했다.

안기부에서 신고식이라면서 매질을 당했고 욕조 물에 머리를 박게 하고 다리 사이에 각목을 끼우고 수사관이 밟았다. 야전침대 봉이 3개 부러질 정도로 계속 매질을 당하다가 가슴 명치를 맞아 숨을 쉴 수가 없어 쓰러졌다. 수사관들이 야전침대에 눕혀놓았는데 숨이 끊어지는 순간이 세네 번 왔다. 수사관들이 필동 병원까지 데려가서 의사 진찰을 받게 했으나 의사는 엑스레이 찍고 허벅지가 매질로 까매진 것을 보고 붕대만 감아주었다.

안기부로 돌아와 그날 밤은 그냥 잤으나 이후에 조사받을 때 조사내용이 마음에 들지 않으면 "여기 좋은 게 있네" 하면서 허벅지에 감긴 붕대를 풀어 손목을 의자에 묶고서 구타를 했다.

수사관이 후배랑 만나기로 한 쪽지를 발견했는데 시간을 틀리게 적어놓은 것을 모르고 몇 번 허탕을 치고 와서는 "이제 조사할 필요 없다. 다른 팀 교대시간까지 13시간 남았는데 그때까지 때리기만 하겠다"며 실제로 13시간 동안 계속 매질과 기합을 가했다.

검찰조사를 받을 때에도 안기부에서 최, 서 수사관과 함께 검찰에 가서 잠깐 조사를 받았는데 수사관이 있어 사실을 말할 수 없었다. 강압 상태에서 검찰조사를 받았다.

죽기 살기로
가해자 몽타주를 그려 제소

심진구의 친구 박 아무개도 진실위에서 1986년 안기부 조사 때 받은 고문에 대해 이렇게 진술했다.

안기부에 연행되어 수사관들로부터 몽둥이로 구타를 당했고 무릎 사이에 각목을 끼우고 허벅지를 밟았다. 물고문도 당했는데 책상 위에 눕혀놓고 얼굴에 수건을 놓고 물을 부어 죽을 것 같아 더 이상 버티지 못하고 수사관들이 원하는 대로 진술을 했다. 송치될 때 안기부 수사관이랑 우선 검찰에 들러 짧게 조사를 받았다.

1986년 심진구에 대한 검찰조사에 참여한 검찰주사보 안 아무개는 진실위에서 당시 상황을 이렇게 설명했다.

당시에 안기부에서 조사받고 왔으면 고문받고 온 것은 당연하다. 피의자한테 살아서 온 게 다행이라고 말해주었다. 그래서 그런 부분에 대해서는 검찰에서는 거의 다루지 않는다. 피의자가 부인하거나 증거가 없거나 조사내용이 더 필요하면 검사가 수사관에게 연락을 해 피의자를 다시 조사하기도 한다. 일반 형사사건의 경우 수사관이 데리고 가서 고문하든지 해서 자백을 받아가지고 오는 일도 있다.

가혹한 고문조사를 거쳐 1987년 1월 15일 심진구는 서울지방검찰청에 송치된 후 국가보안법 위반 혐의로 기소된다. 그리고 1987년 4월 20일 징역 2년, 자격정지 2년을 선고받는다. 그가 항소를 포기해 형이 확정된다.

안기부의 불법 구금과 무지막지한 고문 이후 심진구의 삶은 철저히 망가졌다. 박영진 열사(1986년 노동3법 보장을 요구하며 분신자살한 신흥정밀 노동자)와 함께 '구로 독산 지역 선진노동자회'를 이끌었던 심진구는 1987년 집행유예로 출소한 뒤엔 노동운동에 제대로 합류하지 못한다. 그가 고문에 못 이겨 안기부 수사에 협조했다는 꼬리표 때문이었다.

또한 출소 후에 심진구는 고문 후유증으로 평생 병원을 들락날락했고 심한 불면증과 불안 증세에 시달렸다. 그의 아내는 "남편이 건강 때문에 정상적인 사회생활도 쉽지 않고 본인이 뜻한 대로 살지 못하니 굉장히 괴로워했다. 불운한 사람이었다"고 회상했다.

심진구는 그림에 소질이 있었다. 그래서 석방 후 그림을 그려서 생계를 유지한 적도 있다. 그는 2004년 정형근 전 국회의원(1986년 당시 안기부 대공수사단장)을 그림으로 그려 독직폭행 혐의로 서울지검에 고소한다. 결과는 기각이었다.

심진구의 아내는 "남편이 정형근 초상화를 그릴 때 거의 열흘 동안 방에 틀어박혀서 아무것도 안 먹고 그림만 그렸다. 기억을 떠올리는 게 너무 괴로워서 음식을 넘길 수가 없었다"고 회상했다.

조작된 간첩들

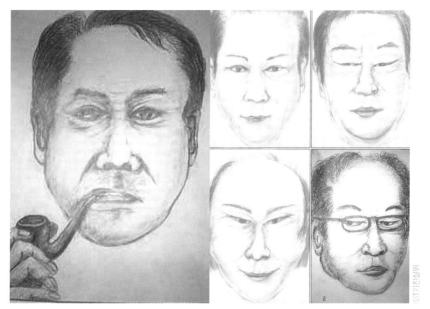

심진구 씨가 그린 안기부 고문 수사관들의 몽타주. 왼쪽 커다란 그림이 당시 안기부 대공수사단장 정형근이다.

가해자는 부귀영화 누리며
활보하는 세상

심진구 사건을 조사한 진실위는 2010년 이렇게 진실 규명 결정을 내린다.

이 사건은 신청인 심진구가 안기부에 영장 없이 불법연행된 후 21일 동안 불법 구금된 상태에서 고문 및 가혹행위를 받고 허위자백에 의해 일부 범죄사실이 조작되어 유죄판결을 받은 사건이다. 안기부가 신청인 등을 영장 없이 불법연행하고, 구속영장이 집행될 때까지 불법 구금했으며, 조사과정에서 구타 등 가혹행위를 가한 것은 형법 제124조 불법체포감금죄, 제125조 폭행, 가혹행위죄에 해당하며 형사소송법 제420조7호, 제422조가 정한 재심사유에 해당한다. 안기부는 자백 외에 증거가 없음에도 신청인이 이적표현물을 취득했다고 일부 범죄사실을 조작했다.

이 같은 진실위 결정을 근거로 심진구는 재심을 청구했고 2012년 11월 서울중앙지법에서 26년 만에 무죄 선고를 받는다. 판사는 이날 판결문에서 "진실·화해를위한과거사정리위원회의 결정문과 증인들의 법정 진술 등에 비춰보면 지난 1986년 심씨가 불법 구금을 통해 고문을 받음으로써 허위자백을 한 사실이 인정된다"고 밝혔다.

하지만 1986년 심진구를 고문했던 전 안기부 수사관 구 아무개는 2012년 재심 재판에 증인으로 나와서 "심진구를 고문한 적이 없다. 인간적인 훈계 차원의 가벼운 꿀밤 정도만 때렸다"라고 주장했다. 한편 고문 후유증으로 평생 시달리던 심진구는 췌장암 말기 판정을 받은 지 40여 일만인 2014년 11월 한 많은 세상을 떠난다.

2020년 6월 24일, 2012년 당시 '심진구사건' 재판에 증인으로 나와 "심진구를 고문한 적이 없다"고 주장했던 전 안기부 수사관 구 아무개가 위증죄로 1년 6개월 징역형을 선고받고 구속된다. 안기부에서 고문을 한 가해자가 구속된 것은 우리나라 역사상 처음이었다. 하지만 법원이 책임을 물은 건 구 아무개 수사관의 고문이 아니라 그의 위증이었다. 이날 재판 결과에 대해 심진구의 아내는 이렇게 감회를 밝혔다.

남편이 못 보고 떠나셨어요. 구 아무개 전 안기부 수사관이 굉장히 뻔뻔하게 재판에서 진술하고. 남편이 분노하고 돌아가시기 전에 "저 사람 처벌해야 되는 거 아니냐"고 하셨는데…. 남편이 살아서 돌아오는 것도 아니고 돌아가시면서도 눈을 못 감고…. 감겨도 자꾸 뜨고…. 잔혹한 고문을 하고도 가해자들은 지금 이 순간까지도 온갖 부귀영화를 누려가면서 이 세상을 활보하고…. 고문에 대한 책임을 물어서 더 중대한 벌을 받아야 하는데 위증죄로만 판결을 해서 조금 아쉽네요.

심진구는 세상을 떠나기 전, 자기를 고문한 안기부 요원들의 몽타주까지 그리면서 진실을 알리려 했다. 하지만 공소시효 때문에 수사와 처벌이 불가능했다. 프랑스나 독일 등에서는 반인륜범죄에 대해 공소시효 없이 가해자를 처벌한다. 그런데 우리나라 국회는 왜 국가폭력에 대해 공소시효를 배제하는 법률을 아직도 제정하지 못하는 것일까. 구 아무개 전 안기부 수사관은 심진구나 그 유족에게 전혀 사과하지 않았다. 그는 오히려 이번 판결에 불복해 '처벌이 부당하다'며 항소했다.

심진구사건 사건일지

- 1980년 심진구, 2월 고등학교 졸업 후 1981년 6월 군에 입대해 1984년 1월 제대.

- 1985년 11월부터 1986년 2월까지 서울대 제적생인 김 아무개와 함께 자취생활 중 시국, 역사, 철학 등 독서와 토론에 참여.

- 1986년 안기부, 12월 10일 심진구 강제연행. 21일간 불법 구금 및 고문조사.

- 1987년 안기부, 1월 15일 심진구 국가보안법 위반 혐의로 기소. 4월 20일 징역 2년 자격정지 2년 선고. 항소를 포기해 형 확정.

- 1987년 심진구, 집행유예로 출소.

- 2004년 1986년 당시 안기부 대공수사단장이었던 정형근 전 국회의원의 몽타주를 그려 독직폭행 혐의로 서울지검에 고소. 기각됨.

- 2010년 진실위, 고문에 의한 허위자백 사건으로 진실 규명 결정.

- 2014년 심진구, 췌장암 말기 판정받고 40여 일 후 사망.

- 2012년 심진구사건 재판에서 증인으로 나왔던 전 안기부 수사관 구 아무개, 위증죄로 1년 6개월 징역형 선고받아 구속. 항소 진행 중.

1991

:

대학생
강 기 훈

생면부지 젊음들의 죽음이
나에게 준 선물

"지구 한쪽에서 일어난 한 행위가 결국 지구 다른 쪽에서 예상하지 못한 엄청난 결과를 가져올 수 있다"는 '나비효과'를 나는 직접 경험한 적이 있다. 아래는 내가 9년 전《오마이뉴스》에 기고한 글의 일부다.

1991년 4월에서 6월은 소위 '분신 정국'이었다. 영국 언론에서도 한국의 '분신 정국'을 연일 보도했다. 당시 나는 무작정 영국에 유학 와서 영국의 장학단체에 장학금을 신청하고 기다리고 있었다. 400만원의 장학금을 신청한 한 장학단체에서 연락이 왔다. 면담을 했다. 그리고 1991년 6월 나는 그 단체로부터 신청한 장학금보다 10배가 많은 4000만원의 장학금을 받았다. 너무나 놀라웠다. "무슨 착오가 생긴 것인가? 신청 액수보다 많은 10배를 주다니!" 지도교수도 놀라고 너무 반가워했다. 자기 생전에 장학금을 신청한 것보다 10배나 더 준 경우를 본 적이 없다고 했다.
나중에 나는 그 장학단체의 사무처장을 만났다. "아니 어떻게 신청한 장학금의 10배를 주시나요?"라고 놀라움에 물었다. 60대 초반의 나이가 지긋한 그 사무국장이 이렇게 말했다. "우리 단체에서 당신의 장학금 신청서를 검토하는 기간 중 한국에서 많은 젊은이들이 죽는 것을 보았습니다. 앞으로 강경대 같은 분들이 한국에 더 이상 생기지 않도록 당신이 노력해주길 바라는 마음으로 장학금을 10배로 줍니다."

나는 놀라웠다. 한 번 만난 적도 없는 젊은이 강경대의 죽음에 내가 큰 빚을 졌다. 그 후 나는 그 장학단체 등의 도움으로 영국에서 학·석·박사 학위를 마칠 수 있었다.

살아가면서 사람은 자기도 모르게 모르는 사람들로 인해 도움을 받는다. 앞서 말했듯이 1991년 4월 쇠파이프에 맞아 죽은 대학생 강경대를 나는 한 번도 만난 적이 없다. 그러나 그의 죽음이 나를 구했다. 그래서 2000년 학위를 마치고 귀국한 후부터 지금까지 나는 항상 강경대와 같이 억울하게 생명을 국가폭력에 의해 잃은 분들에 대한 부채감을 갖고 있다.

그래서 그 후 나는 노무현 정부에서 대통령 소속 의문사진상규명위원회와 그 후 진실·화해를위한과거사정리위원회에서 일을 했고, 그 일을 통해서 국가폭력의 희생자인 다른 많은 강경대들을 만났고 그분들의 눈물과 억울한 한을 보았다.

_꿈을 포기 안 해도 굶어죽습니다", 《오마이뉴스》 2011년 2월 12일자

젊음들의 죽음이 이어지는
유례없는 분신 정국의 위기

강경대! 그의 삶과 죽음은 내 삶뿐만 아니라 곧 김기설과 강기훈의 삶에
도 예상하지 못한 엄청난 결과를 초래한다. 1991년 4월 24일 강경대 고문
치사 사건 후 2주가 지난 1991년 5월 8일, 김기설이 아침 8시 서강대학교
본관 옥상에서 분신 후 투신하는 충격적인 사건이 일어난다. 현장에서는
김기설의 유서 2장이 발견된다.

　당시 노태우 정권은 김기설의 유서를 국정 전환 위기 돌파용 카드로 삼
는다. 서울지검은 곧 김기설의 전국민족민주운동연합(이하 전민련) 동료
강기훈을 유서 대필자로 지목해 수사를 진행한다. 서울지검은 국립과학
수사연구소(이하 국과수)에 김기설의 유서와 강기훈의 필적감정을 의뢰해
"유서와 강기훈의 필적이 동일하지만 유서와 김기설의 필적은 다르다"는
감정 회신을 근거로 1991년 7월 12일 유서를 대필해 김기설의 자살을 방
조했다는 혐의로 강기훈을 기소한다.

　서울지법은 1991년 12월 20일 강기훈이 김기설의 유서를 대필해준 사
실 및 국가보안법 위반죄를 인정해 징역 3년, 자격정지 1년 6월을 선고한
다. 서울고법이 유죄판결을 선고한 후, 대법원이 상고를 기각해 1992년
7월 24일 판결이 확정된다. 강기훈은 교도소에서 복역하다 1994년 8월
17일 만기 출소한다.

　이 사건이 발생한 1991년은 노태우 정권 후반기로 공안 통치, 김영

삼·김종필과의 3당 합당 등 정치적 격변기였다. 수서지구 특혜 분양 사건, 국회의원 뇌물 외유 사건, 대구 페놀 방류 사건 등으로 대표되는 각종 비리가 발생한 시기였다.

특히 1991년 4월 26일 명지대학교 강경대 학생이 시위 도중 경찰의 쇠파이프에 맞아 사망하자 이를 계기로 범국민대책회의가 결성되었고, 그 후 전국적으로 집회와 시위가 연이어 일어나는 등 시민들의 민주화 요구가 높았다. 이 기간은 강경대의 죽음을 포함해 모두 13명의 젊음이 노태우 정권에 항의해 분신, 투신, 의문사로 사망하는 유례없는 비극으로 점철된 시기였다. 반면 연일 계속되는 분신 정국에 김지하는《조선일보》에 "죽음의 굿판 당장 걷어치워라"는 글을 발표하고, 서강대학교 총장 박홍은 "지금 우리 사회에는 죽음을 선동하는 어둠의 세력이 있다"며 근거 없는 기자회견을 열기도 했다.

1991년 5월 8일 아침, 김기설이 분신 사망하자 경찰은 분신 현장을 확인한 다음 사건 관계인들에 대한 조사를 시작한다. 경찰은 검사의 지휘로 1차 현장검증을 했고, 서울지검 검사 및 수사진들과 2차 현장검증을 했으며, 당일로 사건을 서울지검 강력부에 송치한다. 1991년 5월 13일 검찰은 강기훈에게 김기설을 소개받았다는 홍 아무개의 진술을 받았고, 홍 아무개는 이날 조사를 받으면서 김기설에게 받은 메모지와 함께 김기설이 자신의 수첩에 '복지다방 약도'와 '김기설의 전화번호'를 적었다면서 그 수첩도 검찰에 제출한다.

1991년 5월 14일 검찰은 강기훈의 형사사건 기록을 입수하고, 1991년

조작된 간첩들

5월 16일에는 강기훈의 집을 압수수색한다. 그리고 검찰은 유서를 비롯한 김기설과 강기훈의 필적에 대해 국과수에 필적감정을 의뢰한다.

'분신사망사건'이
'유서대필사건'으로 둔갑

그러면서 검찰수사가 김기설분신사망사건에서 유서대필사건으로 본격적으로 전환되었고, 검찰은 강기훈 등 대학생들을 소환해 조사한다. 강기훈이 1991년 6월 24일 자진 출두하자, 검찰은 그를 곧 구속한다. 그리고 구속 상태에서 강기훈은 자술서를 시작으로 1991년 7월 11일까지 총 9회에 걸쳐 피의자신문조서, 진술서 등을 밤낮을 가리지 않고 작성해야 했다. 1991년 6월 28일 《한겨레》는 강기훈의 변호인들이 그가 구속된 지 3일 만에 강기훈을 처음으로 접견했고, 검찰에 더 이상 밤샘조사를 하지 말 것과 1주일에 두 번 이상 접견시켜 줄 것을 요청했다고 보도한다.
검찰은 강기훈에 대한 철야밤샘조사를 거쳐 1991년 7월 12일 강기훈을 자살방조 혐의로 기소했고, 1991년 8월 12일에는 다시 국가보안법 위반 혐의를 추가 기소했다. 한편 강기훈이 검찰에 출두한 이후에는 전민련 활동가들에 대한 소환조사도 연이어 이루어졌다. 특히 검찰은 전민련에서 김기설의 필적으로 제출한 업무일지에 임 아무개의 필적이 있음이 확인되자 한때 임 아무개를 유서대필 용의자로 지목하기도 했다.
한편 1991년 8월 28일부터 1991년 12월 20일 선고까지 서울지법은 강기훈의 자살방조 및 국가보안법 위반 혐의에 대해 총 12회에 걸쳐 공판을 진행한다. 당시 검찰은 변론 종결 시 김기설에 대한 자살방조 및 국가보안법 위반 혐의로 강기훈에게 징역 7년, 자격정지 3년을 구형한다.

이에 대해 강기훈의 변호인은 범죄의 일시, 장소와 방법이 특정되지 않았기 때문에 이 사건의 공소 제기는 기각되어야 하며, 필적감정의 객관성과 공정성이 결여된 것이므로 증거가치가 없다고 무죄를 주장했다. 강기훈 역시 1991년 8월 29일 1심 1회 공판과 9월 11일의 2회 공판에서 자신은 김기설의 유서를 대필한 사실이 없다며 강력히 혐의사실을 부인했다.

또한 강기훈은 당시 1심 1회 공판에서 검찰수사를 받으면서 잠을 재우지 않아 극심한 수면부족 상태에 있었다며 다음과 같이 진술했다.

검찰수사 시 이틀씩 잠을 안 재우고 모욕적인 손찌검을 당해 심리적 위축 상태에서 만 하루 만에 진술을 시작한 것은 불가항력에 의한 것이었다…. 1991년 6월 24일 검찰에 자진출두한 후 처음 이틀간은 잠도 못 자고 계속 조사를 받았고, 그 후에는 매일 오전 10시경부터 밤 12시 이후까지 계속 조사를 받았으며, 토요일 하루는 구치소에 보내지 않고 밤샘조사를 하는 등 19일 동안 극심한 수면부족 상태에 있었다….
검사가 자백을 요구하며 회유와 협박을 했다…. 유서대필을 자백하면 혁노맹(혁명적노동자계급동맹)건은 문제 삼지 않겠다…. (검사는) 시간이 얼마 남지 않았다, 우리가 밝히지 않더라도 지금 공안부·안기부·기무사 등 입맛 다시는 곳이 많다. 우린 이것을 막으려고 한다. 사건 확대를 원치 않는다….

특히 (수사관들이) 참고인들을 모두 불러 수사하겠다는 말에 가장 타격을 받았다. 이 아무개 등 학교 후배들과 혁노맹과 관련된 모든 사람들을 재조사한다고 했다. 상당히 참담했고 사실은 아니지만 차라리 내가 유서를 대필했다고 얘기하고 그 사람들한테 신체적 불이익이 가해지는 것을 막고 나중에 가서 법정에서 사실을 밝힐까, 어떻게 해서든 그 자리를 모면해보자는 등 여러 가지 생각이 교차했다…. 나는 밤샘조사를 받았고, 기소되기 전까지 가족들의 면회가 허용되지 않았다….

검찰에 출두한 1991년 6월 24일 이후 밤을 새워 조사받은 것은 이틀 밤 2번, 하룻밤 3번 정도 된다. 조사실에서 밤샘조사를 하지 않을 때에는 보통 아침 10시경부터 밤 12시, 1시까지 조사받았고 제일 일찍 끝날 때가 밤 9시경이었다…. 검찰에 출두하여 기소될 때까지 19일 동안에 검사실에서 검사 입회하에 세 번 변호인 접견을 한 것이 외부인 접촉의 전부이다. 검찰에 출두한 후 가족이나 친지들을 처음 면회한 것은 기소 다음날인 1991년 7월 13일이었다.

"수갑 채워져 잠도 못 잤고
폭행과 폭언이 난무"

2006년 진실·화해를위한과거사정리위원회(이하 진실위) 조사에서 강기훈은 이 사건과 관련해 다음과 같이 진술했다.

1991년 6월 24일 검찰에 출두한 첫날부터 서울지검 11층 특별조사실에서 10여 명의 검사와 수사관으로부터 집중적인 조사를 받았는데, 조사가 시작되면 이틀씩 잠을 안 재우고 진술을 강요하고, 의자에 앉지도 못하게 하고선 자세로 조사를 받기도 했고, 검사나 수사관은 모욕적인 말과 행동, 때로는 손찌검까지 했으며, 그 과정에서 협박과 회유를 하기도 했다. 참을 수 없었던 것은 저의 가족과 여자친구를 거론하면서 구속 운운할 때였다. 나에게 가해지는 폭력과 물리력은 참을 수 있었지만, 나로 인해서 받은 가족들의 상처는 무엇으로도 치유할 수 없는 멍에였다.

1991년 11월 20일, 이 사건과 관련한 1심 8회 공판에서 당시 전민련 사회국 부장이자 대책회의 부대변인이었던 임 아무개는 이렇게 진술했다.

1991년 7월 6일 검찰에 연행되어 유서대필 혐의로 조사를 받으면서 수갑이 채워져 잠을 자지 못했다…. 수갑이 채워진 채 한잠도 못 잤고 폭행과 폭언이 난무했고 고문 형식으로 앉히고 수갑이 채워진 채 손을 올리게 했으며 허벅지를 때리고 뺨을 맞았다.

당시 강기훈과 임 아무개를 이처럼 가혹하게 조사한 수사 검사 가운데 한 명은 현 자유한국당 국회의원 곽상도인 것으로 나중에 밝혀진다. 그럼에도 불구하고 서울지법 재판부는 1991년 12월 20일 강기훈에게 자살방조 및 국가보안법 위반 혐의 사실을 인정해 징역 3년, 자격정지 1년 6월을

2015년 5월 14일 대법원에서 열린 유서대필사건 재심 판결에서 무죄판결을 받자, '강기훈의 쾌유와 명예회복을 위한 시민모임' 회원들이 기자회견을 열어 환영했다.

선고한다. 그러자 이에 대해 곽상도가 몸담고 있던 검찰은 원심의 형량이 가벼워 부당하다는 이유로 항소하고, 변호인은 공소사실 특정에 관한 형사소송법 법리를 오해하고 증거 없이 사실을 인정하는 위법이 있다며 항소한다.

서울고법은 1992년 3월 12일부터 4월 20일 선고까지 총 6회의 공판을 진행했고, 1992년 4월 13일 변호인들이 변론재개 신청을 했으나 서울고법 재판부는 이를 받아들이지 않고 1992년 4월 20일 강기훈에게 원심의 형량대로 3년 징역을 선고한다. 강기훈의 변호인이 상고를 했으나 대법원은 1992년 7월 24일 상고를 기각함으로써 판결을 확정한다. 2007년 진실위는 강기훈사건 당시 검찰의 조사행태와 관련해 이렇게 입장을 밝혔다.

당시 수사기관에 의해 일부 사건에 대해 밤샘조사가 수사 편의나 관행적으로 이루어지는 경우가 있었다 하더라도 수사기관이 합리적인 이유 및 당사자의 동의도 없이 휴식이나 수면을 취할 수 있도록 하지 않은 채 밤샘조사를 하는 것은 조사를 받는 사람에게 신체적·정신적 고통을 준다는 점에서 정당한 수사방법이라고 볼 수 없다.
서울지검의 수사과정, 법정에서의 진술 및 반대 신문, 공개 기자회견 내용·언론의 보도를 종합하면 이 사건 수사과정에서 강기훈에 대해서 구속 초기에 변호인 접견이 이루어지지 않은 상태에서 밤샘조사를 한 일이 있고, 홍○○에 대해서 밤샘조사를 한 사실이 인정된다.

애초에 감정해볼 필요도 없이
확연이 다른 필적 증거들

1991년 당시 서울지검 강력부 수사관으로 조직폭력 및 마약사범을 검거, 수사하는 업무를 주로 했다는 라 아무개는 2007년 진실위 조사에서 수사 초기 강기훈이 쓴 글씨가 유서와 완전히 달라서 감정할 필요가 없다며 반대했다고 이렇게 진술했다.

수사 초기 나 역시 강기훈이 유서 대필한 것으로 판단하고 심하게 추궁했지만, 당시 강기훈이 유서 대필을 강하게 부인하기에 강기훈에게 "유서와 비교해볼 터이니 네가 직접 글씨를 써봐라"고 얘기해 글씨를 쓴 적이 있는데, 당시 '원진레이온'이란 문구가 들어가 있던 강기훈의 글씨는 누가 보더라도 유서 필적과 완전하게 달랐다.

당시 검찰 수사관들과 검사들이 강기훈의 필적을 국과수에 감정 의뢰한다기에 나는 "유서와 강기훈의 필적이 전혀 다르기 때문에 감정할 필요가 없다"고 주장하며 적극적으로 반대하다가 수사진들에게 욕을 많이 먹었다. 이러한 일 때문에 일정 기간 수사에서 배제되기도 했다.

당시 강기훈과 김기설의 국과수 필적감정과 공동심의와 관련해 진실위는 이렇게 결론짓는다.

"(필적)감정인 4명이 돌아가면서 현미경으로 관찰하고 나름대로의 판단을 가지고 토의를 했다"는 1심 5회 공판에서의 김○○의 증언과는 달리 진○○는 직접적으로 감정에 참여한 바가 없고, 말은 공동심의였지만 김○○이 내린 결론에 따라 감정서 회신 부본의 공동심의 란에 서명하고 도장만 찍은 정도에 불과한 것이라고 했고, 최○○ 또한 공동심의 란에 도장 찍은 일이 전부이며 감정에 직접 참여하지 않았다는 것으로 당시 감정에서 공동심의가 이루어진 것이라고 볼 수 없다.

감정인이 법정에서 국과수의 필적감정의 신빙성 여부가 유무죄 여부를 결정하는 주된 쟁점이 되고 있는 상황에서 공동심의 관련 감정인 4명이 돌아가면서 현미경으로 관찰하고 나름대로의 판단을 가지고 토의를 했다고 중대한 사실에 대해 허위로 증언한 것이다. 이 허위증언은 공소시효가 지나 확정판결을 받을 수 없는 만큼… 재심사유에 해당한다…. 당시 국과수 감정 결과는 위와 같은 위법성이 있거나 자의적으로 동일 필적으로 감정하거나 객관성이 결여된 문제점이 있어 신뢰할 수 없다.

1991년 당시 국과수에서 공동 감정인으로 서명했고, 2007년 국과수에서 필적감정에 다시 참여한 진 아무개는 진실위에서 종전 국과수 감정이 잘못이라며 이렇게 인정했다.

저는 이번에 진실·화해를위한과거사정리위원회에서 감정 의뢰한 감정 자료들을 보는 순간 깜짝 놀랐다. 그동안 제가 생각했던 것하고는 전혀 딴판이었다. 그냥 보더라도 유서와 다수의 김기설 글씨는 동일한 필적으로 판단할 수 있었는데, 당시 김○○ 실장이 감정을 잘못했다고 생각한다.

2007년 진실위에서 당시 국과수가 감정한 문건들에 대해 3개 사설 감정기관에 각각 의뢰한 필적감정에 따르면, 1991년 국과수 필적감정과는 정반대로 김기설의 유서와 강기훈의 필적이 다르다는 결과가 나왔다.
그래서 진실위는 "당시 국과수 감정인은 공동심의를 제대로 하지 않았음에도 공동심의를 한 것으로 감정서에 기재하고 법정에서 증언을 했고, 객관적 사실과 다른 자의적 감정 결과를 회신해 강기훈으로 하여금 유죄

재심 결심공판에서 무죄판결을 받고 서울고등법원을 나서는 강기훈 씨 모습.

판결을 받게 하는 결과를 낳았다"며 이 사건에 대한 진실을 규명했다.

어째서 가해자는 하나같이 사과하지 않는 것일까

곽상도 자유한국당 의원을 비롯한 당시 수사 검사들은 2007년 진실위 진실 규명 발표 후, 자신 때문에 젊은 시절 무고하게 3년이나 징역을 산 피해자 강기훈에게 전혀 사과하지 않았다. 오히려 곽상도 의원은 진실위 발표 직후 언론 인터뷰를 통해 "문제가 있었다면 당시 왜 이의를 제기하지 않았느냐, 지금 와서 유서대필이 아니라는 것은 넌센스 아니냐"고 반발했다.

강기훈은 진실위 조사결과를 바탕으로 2008년 이 사건에 대한 재심을 신청한다. 그 후 7년 만인 2015년 5월 14일, 사건 발생 24년 만에 마침내 대법원에서 무죄판결을 받는다. 강기훈은 이 판결을 근거로 국가를 상대로 손해배상 재판을 신청한다.

　　그리고 2년 후인 2017년 7월 7일, 법원은 유서대필 조작사건 희생자 강기훈에게 국가의 민사 보상책임이 인정된다고 판결한다. 재심 무죄판결 2년, 사건 발생 후 무려 26년 만이었다. 하지만 법원은 국가와 문서 감정인의 손해배상 책임만 인정했을 뿐 위법수사를 했던 수사 검사 등의 책임은 일절 묻지 않았다.

　　강기훈은 지금 간암으로 투병 중이다. 하지만 가해자 중 한 사람인 곽상도 의원은 2013년 3월 박근혜 정권에서 민정수석을 거쳐 현재 자유한국당 의원으로 이른바 좌파독재저지특별위원회 위원을 겸하며 활동했다.

유서대필사건 사건일지

- 1991년   강경대, 4월 24일 시위 도중 경찰 쇠파이프에 맞아 절명.

- 1991년   김기설, 5월 8일 노태우 정권 퇴진을 요구하며 서강대 본관 옥상에서 분신 투신.

- 1991년   서울지검, 7월 12일 김기설의 전국민족민주운동연합(이하 전민련) 동료 강기훈을 유서 대필 및 자살 방조 혐의로 기소. 8월 12일 국가보안법 위반 혐의 추가 기소. 서울지법, 12월 20일 강기훈에 국가보안법 위반죄 혐의 등으로 징역 3년 자격정지 1년 6월 선고.

- 1992년   대법원, 7월 24일 상고 기각 후 형 확정.

- 1994년   강기훈, 8월 17일 만기 출소.

- 2007년   진실위, 진실 규명 결정.

- 2015년   5월 14일 사건 발생 24년 만에 대법원 무죄판결.

- 2017년   강기훈, 7월 7일 국가 대상 손해배상 재판에서 승소.